开基拓业：努尔哈赤

墨香满楼◎著

中国铁道出版社有限公司
CHINA RAILWAY PUBLISHING HOUSE CO., LTD.

图书在版编目（CIP）数据

开基拓业 ：努尔哈赤 / 墨香满楼著 . -- 北京 ：中国铁道出版社有限公司，2025. 7. -- ISBN 978-7-113-32397-4

Ⅰ. K827=49

中国国家版本馆 CIP 数据核字第 2025BZ8862 号

书　　名：开基拓业：努尔哈赤
KAIJITUOYE：NU' ERHACHI

作　　者：墨香满楼

责任编辑：奚　源　　**电　　话：**（010）51873005
封面设计：刘　莎
责任校对：刘　畅
责任印制：赵星辰

出版发行：中国铁道出版社有限公司（100054，北京市西城区右安门西街 8 号）
网　　址：https://www.tdpress.com
印　　刷：天津嘉恒印务有限公司
版　　次：2025 年 7 月第 1 版　2025 年 7 月第 1 次印刷
开　　本：710 mm × 1 000 mm　1/16　**印张：**12　**字数：**190 千
书　　号：ISBN 978-7-113-32397-4
定　　价：88.00 元

让历史指导我们前行

历史是一面镜子，当我们站在历史这面镜子面前，总能发现一些新的东西，一些看上去像自己又不像自己的人和事儿。

昨天的历史就是今天的我们，今天的我们就是明天的历史。历史是一个巨大的车轮，而我们都是混迹在这个车轮上的蝼蚁。历史有历史的规则，也有自己的玩法，一个不了解历史的人就像一只无头苍蝇，在历史的车轮边沿攀爬。

历史是过去的事情，似乎和我们今天关系不大，当然，这只是似乎而已。事实上，历史和我们的生活紧密相连，那些历史上成就大业的人都是了解历史的人，即便是当今社会有大成就的人，对历史也是如数家珍。

了解历史并不能帮助我们开发软件，也不能帮助我们提高股票的收益，但是历史可以告诉我们应该如何在这个社会上生存，告诉人们如何在众多的软件高手中脱颖而出，告诉人们如何在烟雾缭绕的股市中掌握方向。

了解历史能让人知道大势，而不是告诉人们小情。

一个不掌握大势的人，事情做得再到位，那也是徒劳无功；一个掌握大势的人，即使事情做得有瑕疵，也能事半功倍。

了解历史，是一种能让我们用最少的精力取得最大回报的好方法。

历史上这些人的成功是我们必须吸取的经验；

历史上这些人的失败是我们必须规避的风险；

历史上这些人那时那刻的决定值得我们深思；

历史上这些人那时那刻的犹豫值得我们总结；

…………

历史不应该被忽视，更不应该被遗忘，历史上有太多的事情需要我们总结，历史上有太多的人物需要我们去分析。

值得庆幸的是，我发现越来越多的年轻人开始关注历史，并且开始动手写历史人物与故事，从当年明月到墨香满楼，又到如今的皓月清风，他们是一个又一个传道士，他们用自己的笔宣扬着历史上的文化，用自己的心昭示着新时代人们对历史的认识和关注。

他们不只继承，更是改变，改变了历史的通俗写法，让历史变得更轻松、变得更幽默，更适合现代人的阅读习惯。但是轻松不是恶搞，幽默不是失实。新写法体现出他们对历史的新认识，他们用自己的笔墨让我们感觉历史原来和我们如此地接近。

目录

第四章　从自己有事业开始

第五章　强大的对手只是烘托

第六章　流产的美人计

第七章　后金的锻造

第八章　双 城 祭

第九章　人生能有几个萨尔浒

第十章　席卷东北

第十一章 膨胀的罅隙

第十二章 永远过不去的坎儿

第十三章 那个推不掉的日子

第一章　神话在寂寞中发芽

不塑金身难称雄

当我们把历史的指针拨回到 1559 年，让我们把历史的镜头聚焦于中国东北的一个偏远山村。那里，恰如此后的史书记录，正悄然地凝聚起一团缥缈的紫气。

明朝嘉靖三十八年（1559 年），这年冬天，群山环绕的赫图阿拉（今辽宁新宾满族自治县永陵镇内）遍地银装，像往常一样沉浸在一片寒风料峭的静谧之中。

这时，从当地一户人家传来一阵婴儿的啼哭声，紧接着混杂进一个雄壮的欢笑声。镜头循声而去，透过门扉：这是一户奴隶主贵族的家庭，卧室里进进出出忙活着一些下人，偌大的床榻之上凌乱地躺着一个疲惫而面带笑意的女人，接生婆满脸堆笑地站在一边，威严的一家之长托起一个新降生的男婴乐不可支地哈哈笑着。他把美好的祝福都许向这稚嫩的生命，希望他日后智慧、骁勇、心怀壮志。

这个新生命就是这本书的主人公，紫气东来所预示着的神话，拨动历史弦脉的手指的主人，后金政权的创建者，女真百姓拥戴的“老汗王”，大清王朝的奠基人，被后世尊奉为一代君王——爱新觉罗·努尔哈赤。

结果决定性质。如果不看几十年后的结果，谁也料想不到这个静悄悄来到世间的孩子竟会创下如此功业。很多事情都是不会有结果的——对，没结果，开开花就够了。而一旦结了果，那就需要花点心思回头再粉饰一番之前的含苞待放时。

草根一旦成名，首先要做的就是昭告天下所有其他草根：我并不是草根！这在白手起家的帝王身上尤为重要。一个神话的崛起，免不了神秘色彩的遮掩：英雄不看出处，帝王不能没有出处！

努尔哈赤一生戎马，只顾着骑在马背上打啊打天下，可能无暇顾及，也可能为人低调，根本没有想到回头去文饰渲染一番自己的身世。后来他的子孙接过手来，稳定住了格局，管辖了大片疆土，统治着一个有着五千年文明的民族，坐稳了权力的巅峰。这才入乡随俗，随着五千年的文化“俗”了一把。

怎么个“俗”法？

封建社会讲资历，重出身：伯仲叔季，立长不立幼。一个一穷二白的草根，昨天还和我平起平坐，一夜之间，这就爬到了我的头上？这让那些同为草根的人情何以堪？情不堪，心不愿，当然人心不服。不过，往好处看，草根的成功是为逆袭树立了榜样：看到没？像我这样干，你就能干出大事业。我的成功，可以复制！

但是，作为帝王，这种榜样作用万万树立不得：一山从来不容二虎！

那怎样才能化解这种心理，避免这种模仿？

塑金身！

人靠衣装，佛靠金装。把人从头到脚地包装起来，把整家子祖宗十八代都包装起来。

于是就有了努尔哈赤神奇的出身。

众所周知，一般情况下是十月怀胎，然而据《清史稿》记载，努尔哈赤的母亲却是怀了十三个月的胎。

秦始皇的母亲十二个月怀胎生下了秦始皇，努尔哈赤比秦始皇还多待了一个月。这是天降奇才的表征，以显示他的与众不同。但是从医学角度来说，这也不是没有可能。

你以为这样就算了？不。这只是对努尔哈赤个人的包装，接着开始进行对他祖先的包装。怎样的包装才到位？那就是把一切过去的、模糊的印象都推到神秘的、不可知的领域。神学也是这样，把节点都交给神灵。你要争？找神灵争去！

相传很久以前，有仙女三姐妹来到长白山附近一汪人间仙境似的湖水中嬉戏，一只神鹊飞来，衔着一枚红色果子，飞落在她们放衣服的岩石上，把果子留在了三妹佛库伦的衣服上，清啼一声便飞走了。

三仙女上岸穿衣，佛库伦一眼就看到了留在衣服上的红色果子。她反复地观看，不忍丢弃。她拿着不方便穿衣，放下又怕沾污，于是把它含在了嘴里。但一不小心，果子滑进了肚里。顿时感到下身沉重，如千斤坠体，怎么也飞不起来。大姐和二姐检查了一番三妹的身体，说：“这是天授妊娠于你，你产后再回去吧。”说完告别佛库伦，飘然而去。

没多久，佛库伦就产下一个男婴，取名布库里雍顺，姓爱新觉罗——这就是努尔哈赤的祖先。这个男婴落地便能开口说话，几天就长大成人。佛库伦把吞果怀孕的来龙去脉都讲给了他，叮嘱道：“你是上天的后裔，天意指示你平息暴乱、安邦定国。你就往那儿去吧。”说完让他坐进佛库伦造的木船里，顺流而下。佛库伦凌空而起，飘然升天。

布库里雍顺漂流到一处人烟聚集的地方，弃船上岸，凭借自己出众的外表和出类拔萃的才能，平定三姓之乱，被当地民众惊为天人，很快被推举为首领，“号其部族回满洲”。

这一竿子就捅到了很久以前，久远到年代都无法考证。

能考证才怪！说了是传说，当然就是不想告诉你时间。省得你哪天吃饱了撑的想去调查一番——因为传说多半经不起调查。

这样的塑金身法，是屡试不爽的一种手段。历史上的伟大人物，没有这样的金身根本不好意思称伟大。为了证明这是权威，再列举几个权威：

黄帝的母亲附宝野外祷告时被雷击中，全身麻痹，因而有孕，怀胎二十四个月，在五彩祥云、百鸟朝凤的瑞兆之下，生下黄帝。

炎帝的母亲任姒看到天空金光万丈，一条巨龙腾空而下，身体感应，怀孕，二十个月后产下一个红球，裂开后里面坐着炎帝。

舜的母亲握登梦见一道绚丽的彩虹冲天而起，惊醒后发觉身体有孕，生下了舜。

禹甚至不是从母亲肚子里出生的。禹的父亲鲧因治水不力等原因被处死，尸体长久不腐烂，天帝惊恐，派勇士祝融用吴刀剖开他的身体。这一剖，就蹦出了禹。

商朝始祖契的母亲简狄野外沐浴时，看见燕子（当时叫玄鸟）飞来并在她衣服上产下了一枚五色彩卵，她穿衣时捡起来含在嘴里，误吞下肚，因而

怀孕，破胸产下契——这契的出生与努尔哈赤祖先的出生是不是有着异曲同工的妙处？

周王朝始祖后稷的母亲姜嫄，履巨人脚印而怀孕，生下后稷。

…………

塑金身就是有这样的效果，虽然大伙儿明知道镀在身上的不是真金，但是看着这一身的金光灿灿，看得久了，也就宁愿相信这是确确实实的了！

谎话说一遍听着还是谎话，当说第一百遍时听上去像是真话了。某些人说谎从不脸红，他们的话无论真假，在权力的驱使下，过不了几天就都是这样的“真话”。

古有写历史的御用文人，手握一支“金不换”，不求流芳百世，也不求文采传世，只求能讨皇帝开心，安安乐乐地度过这辈子。怎么个讨好？直接歌颂皇帝？那奉承的嫌疑大，弄巧成拙反倒令皇帝烦厌。不如赞美皇帝的祖先，不露声色地讨好皇帝。

但凡是人，一说到自己，难免会警觉起来。但如果说的是自己的前辈，相隔有几代的，这警觉就不那么重了，又能自然而然地联系到前辈与自己的关系，因而这赞美在自己身上也氤氲开来。

于是《清史稿》就出现了这样的形象，大约史官在梦中见过：太祖（努尔哈赤）仪表雄伟，志意阔大，沈几内蕴，发声若钟，睹记不忘，延揽大度。大致就是说努尔哈赤仪表堂堂，志向高远，很有内涵，声音洪亮，记性很好，有领袖气质。

努尔哈赤雪里生，血里走，水里去。来得冷冷清清，走得轰轰烈烈，去得清清淡淡。他或许想不到，走了那么久，后世还是不断有人叨扰，热热闹闹。

后世的热闹，一点也安慰不了努尔哈赤出生时的冷清。

几经折腾的家族

前面提到了关于努尔哈赤祖先的传说，发生在很久以前，到底有多久呢？翻阅各种史料，没有明确的答案，只能说关于他祖先的记载最早可以追溯到夏商周时期。

现代史学家一般认为女真与古代东北地区最早的民族之一——肃慎有着密切的渊源关系，而肃慎从商周时期开始和中原有联系。周武王时，肃慎朝贡，并臣服于周。

我们不用过分抓着这些源远流长的民族历史不放，把它留给考据学家吧，我们总不该抢了别人的饭碗。

女真族在中国历史上几经沉浮，不断地循环着兴盛—衰亡—兴盛的局面，就像现在股市里流传的一句话：冬天之后必是春天，夏天之后就是秋天。

照着这个风水转盘循环地转，努尔哈赤家族在女真的历史上有显赫、有没落，就像市场价格一直围绕着商品价值上下波动。恰恰在努尔哈赤父亲这一代处于没落的时段，这对于整个家族而言没什么，但对于处在这个时间段的具体的家族成员来说没落的凄凉感不言而喻。

努尔哈赤的出生是冷清的，像窗外的大雪，只顾无声地下，从没有人来问津。

儿子出生，父亲毕竟是高兴的，尤其是郁郁不得志的父亲。于是父亲把自己的一腔宏愿都寄托在了儿子身上。

在努尔哈赤的家族史上，有详细记载的人物是从他的六世祖开始的。

六世祖猛哥帖木儿曾经打遍辽东无敌手，受明成祖朱棣的招抚，得封建州卫指挥使，后来猛哥帖木儿所部从建州卫中析出，将全族从斡木河南迁至奉州（今吉林南辉发河流域），另置建州左卫，猛哥帖木儿任建州左卫指挥使，后升为建州左卫都督。

猛哥帖木儿位高权重，家族强盛，人口众多，女真各部纷纷前来归附，每次听从猛哥帖木儿号令前来议事的女真各部首领多达五十人。努尔哈赤家族一时风光无限。

与此同时，辽东开原的杨木答兀屠城掳掠，裹胁军民千余人，逃窜至斡木河。明朝廷下令追捕，杨木答兀纠集古州女真（七姓野人）三百人围攻明军。生死存亡之际，猛哥帖木儿率部五百人前来营救。杨木答兀落荒而逃，却又以迅雷不及掩耳之势卷土重来，带兵八百人，杀得明军和猛哥帖木儿措手不及。最后猛哥帖木儿与其长子权豆战死沙场。三子董山被俘。

后来董山被赎回，与叔叔凡察意见不合，发生了卫印之争。明廷正式将

建州左卫分为建州左、右卫，任命董山为建州左卫都指挥，后晋升为都督同知；凡察为都督同知，掌管建州右卫。左尊右卑，这样看来，董山是更被朝廷重视的。

这建州左、右卫都指挥使是个什么样的官职？

首先解释下“卫”。明朝军队编制实行“卫所制”，军队组织分卫、所两级，类似于现在市、镇的关系。其中卫设指挥使，统领兵士五千六百人。卫所归各省都指挥使司管辖，统由中央五军都督府分别管辖。

明朝以后，为加强皇权，大都督府改为五军都督府，各都督府设左、右都督，下设都督同知，位从一品，协助管理辖区的都司、卫所。

“晋升”是相对朝廷而言的。官品在名义上提升，实质上在朝廷、在建州的权力、地位没有丝毫变化。

成化三年（1467年），董山乘建州卫首领李满住和建州右卫凡察年迈之机，强起而兼管三卫，颇有统一建州女真之势。

在一次朝贡时，董山受到锦衣卫都督佥事（都督佥事，即军事首长的助手）武忠的大声斥责，刀戟相向，他忍住怒火，回去后便开始造反。明廷打着赏赐的旗子，骗董山进馆驿，以“屡掠辽东人畜”为由，斩杀董山及随从，然后发兵五万，联兵朝鲜，血洗建州。

接连着两代人遭到灭顶的打击，努尔哈赤家族从此一蹶不振。直到努尔哈赤的祖父这一代，才勉强有点起色。

他的祖父叫觉昌安，有兄弟六人，曾经踌躇满志地要干一番大事业。后来事实证明，他们做到了。史书记载他们兄弟六人被称为“六祖”，江湖人送号“建州六侠”。

兄弟六人南征北战，统一了散落在长白山一带的其他女真部落，占领了大块地盘，便改称自己为“六贝勒”（王子或诸侯的意思）。这个称呼也反映出了他们当时的地位。

正当觉昌安兄弟几人陶醉于自己一手打造出来的功绩之时，盘踞古勒城的建州右卫王杲突然崛起，一夜之间成了气候，部族势力的触角四处伸展，“六贝勒”的统治地位迅速衰落。

对付王杲，觉昌安也别无他法，只能笼络。

在中国历史上，自古就有政治联姻的结合手段，而这不得不承认是一个

高明的联合手段。盟约在特定条件下会变成一张废纸，而联姻不同，自己的血亲后代，里面是夹杂着伟大感情的，而且联姻之后的后代成了两家人的后代，什么问题在后代问题上就都成了小问题。

这左卫和右卫是怎么联姻的呢？

觉昌安的儿子塔克世迎娶了王杲的女儿额穆齐，这也就是后来努尔哈赤的父母亲。

但这样似乎还不够，政治联姻应该更交错些才稳固。

于是，觉昌安又把自己的孙女（觉昌安另一个儿子的女儿）嫁给了王杲的儿子阿台。

联姻完成，这下你王杲应该对我觉昌安客客气气了吧！

可事实上，王杲非但不受觉昌安的约束，反倒自称为都督，尽收其他女真部众，连六祖子孙也都相继投归到王杲麾下。孤立的觉昌安，只能无奈地率众归附。

赔了夫人又折兵，幸好王杲对觉昌安还是很看重的，大事小事都找他商量。一方面因为是亲家，另一方面觉昌安个人能力还是有的，至少在兄弟六人中，他是最具智慧的，处事也果敢。当然不排除还有一个原因，那就是王杲想把觉昌安拉下水。王杲早有脱离明廷统治的野心，屡次进犯明朝边境，每次还都拉着觉昌安一块去。

觉昌安也是明知山有虎，偏向虎山行。不过不是勇猛，而是无奈。

政治联姻可以是一荣俱荣：一人得道，鸡犬升天；也可以是一损俱损：从此就是一根绳上的蚂蚱，一条船上的人。而他们两家的联姻，把努尔哈赤家族带进了明朝末年的一场旋涡。

话还要从努尔哈赤的亲生母亲去世开始说起。那一年，他十岁。

后母给出的红牌

十岁以前，少年努尔哈赤有着一个整天呼朋引伴玩到天黑的快乐童年，这也将成为他人生中最无忧的时光、最幸福的回忆。他的父母的婚姻中虽然掺杂了太多的政治因素，即使不是恩爱，也还算和睦，毕竟日久生情，况且还有了三个孩子，努尔哈赤和两个弟弟：舒尔哈齐和雅尔哈齐。

塔克世虽不是什么大官，但努尔哈赤怎么说也是个官宦子弟。建州虽不能说是他父亲的天下，但也算是他们家的天下。他的外祖父王杲是“建州三卫”军事集团的董事长，父亲不仅娶了董事长的女儿，还在岳父的公司里当个小领导。不说条件最好，也算是地位显赫，衣食无忧了。

这衣食无忧仅仅是指不至于冻死或饿死，相对于建州其他住户来说他们的生活条件是数一数二的了。但如果看一看建州的大环境，这数一数二就不怎么凸显了。建州本身就穷乡僻壤的，社会条件落后，交通闭塞，只能靠着拿点山货跟明廷换点生活用品过活。所以大伙儿不要惊讶日后努尔哈赤的窘困生活。

十岁生日一过，命运之神似乎打起了瞌睡，不再对他有所眷顾。他的生母额穆齐突然去世，父亲再次沦为政治牺牲品，迎娶了恳哲。这恳哲是势力强大的王台的养女。

这王台又是什么角色？

王台是海西女真的首领，觉昌安曾经利用联姻手段，策划兄长索长阿的儿子和王台的女儿成婚，并借机请求王台出兵帮助对付过栋鄂部。在这次军事打击中，觉昌安兄弟六人名声大振，但坐收渔利的却是王台，迅速扩张了在女真各部的势力范围。

发展到后来，王台成为女真各部间最强大的势力，连建州三卫的总司令、努尔哈赤的外祖父王杲也得听他的吩咐。

于是，觉昌安又想到了联姻。这次用的是自己的儿子。

恳哲嫁过来后，努尔哈赤的好日子也算是到头了。自古便是：前人子，后母毒，后娘养的孩子没人疼。大家可以尽情脑补这位刻薄的后娘针对不是自己的儿子的种种场面。

本来努尔哈赤还有亲生父亲可以依靠，可是一山不容二虎，出现了这样一只势力强大的母老虎，原本那一家之主也只能乖乖萎缩成病猫。

塔克世或许不会怕他的新老婆，但是，他现在要做的就是尽力讨好他的新老婆。

他的新老婆是女真最大的部落海西女真的族人，海西女真一直和明廷保持着亲密关系。这个时候，塔克世和他的父亲觉昌安已经投靠了明廷，而建立起和海西女真亲密的关系就成为塔克世最近一段时期的工作重心。

他的新老婆是他和海西女真关系的纽带，不说像侍卫一样跟在后面，最起码也该尽量不忤逆她的意思。所以，努尔哈赤就成了牺牲品。

当后娘恳哲生下了儿子巴雅喇之后，努尔哈赤兄弟就彻底丧失了对幸福生活的向往。

身为长子的努尔哈赤，不是承袭权位，而是责无旁贷地挑起了生活的重担。事实上，当时女真族等关外游牧民族，他们的继承制是与汉族相反的，实行的是幼子继承制，也就是由最小的儿子继承他父亲的财产和社会地位。

穷人家的孩子早当家。

在生活的逼迫下，努尔哈赤每天做着最繁重的劳动，吃着最不忍睹的食物，不过在饥肠辘辘前，任何难以下咽的食物都可以变成“珍馐美味”。当然美味是不可能的，但至少能活下去；温饱是达不到的，但至少不会饿死。

他白天翻山越岭，出没在危险的东北深山老林，采集松子、人参、木耳、蘑菇，狩猎各种动物，晚上野宿在狭小潮湿的窝棚，外面北风呼啸，刮得他拼命蜷缩起身子。采集完后，他挑着这些去往抚顺、清河的大集市上出售，或者在春秋季节，送到开原和抚顺的马市上去交换一些中原这边的生活用品。马市贸易是闭塞、贫苦的女真人的重要物资来源。

我们可以想出一万句话来鼓励历经磨难的人，但是，我们永远无法体会到他在困境中的感受。

事实上，苦难才刚刚开始。因为——

东北已经乱了！

投奔外祖父

为什么人们都重视后代？因为后代不仅是血肉的延续，更是希望的延续。自己做不到“成龙成凤”，那就把这个希望再寄托到后代身上。像愚公移山，自己移不完这座山，那就让子孙后代接着移，“子子孙孙无穷匮也”。

努尔哈赤的父亲塔克世也有这种寄托，在他托起襁褓中的小努尔哈赤的时候。但是当他的第一任妻子死了之后，他发现自己的戏份还没有完，这种希望寄托得太早，于是他自己扛起了这份希望。

而对于努尔哈赤，他的寄托就是活下去，在艰苦的人生中安全地活下去。父亲已给不了你什么温暖，当然也不该把太重的寄托压在你肩头。你只有靠自己了，人在乱世，活下去比什么都重要！

明朝初年，朝廷根据分布区域，把当时东北的女真各部划分为三大集团：建州女真、海西女真和东海女真（野人女真）。

“野人女真”是指除建州女真和海西女真之外的女真部落，这些女真部落经济、文化落后，住得又偏远，对明廷经常不朝贡，因此得名。后来逐渐摆脱掉这个不雅的称呼，因为他们生活在东海之滨，所以用“东海女真”的称呼。

建州女真最初生活在牡丹江、长白山一带；海西女真在松花江流域，靠近辽宁一带；野人女真远在黑龙江流域、库页岛一带。

他们的时代还处在原始社会晚期，一些像塔克世这样的大家族拥有大批的奴隶，奴隶叫作“阿哈”。部落之间的关系类似于春秋时期诸国关系般混乱，部落之间混战不休。不时还有一些明朝官员掺和进来，元朝的残余势力也隔三岔五地来搅一搅，使原本就浑浊不堪的一潭泥水更加浑浊。

这里物产丰富，盛产各种珍贵皮草、人参和鹿茸，谁不想捞一笔？所以说，如果实力强大，那么盛产自然资源就是锦上添花的事；如果实力单薄，那么盛产自然资源就是雪上加霜的事。

为了便于控制，明朝就利用当地的女真军事贵族为政府服务，在建州女真的地方建立了一个建州卫。

明朝把建州女真实力强大的贵族任命为建州卫的军事首领，后来，为了让女真互相牵制，就把建州卫逐步分成三个部分，分别是左、中、右三卫。努尔哈赤的六世祖猛哥帖木儿就曾经担任左卫的都指挥使，也是风云一时的英雄人物。

明廷对待女真原本还挺客气，由于对女真实行的是“招抚”政策，所以只要女真愿意来朝贡，不限人数，一律放行，而且能得到厚重的回赏。

眼见朝贡有利可图，女真人争先恐后，朝廷上几乎一年四季都看得到女真人的身影。到后来，明廷就开始限制朝贡人数了，规定：朝贡者凭敕书进关。

如果说朝贡是女真人的生财之道，那么敕书就是走上这条道的黄金之桥。因此，女真首领以敕书多者为尊，他们以此对内控权，对外邀赏。敕书的多少，就代表着财富的多少，直接影响着女真各部势力的大小。

敕书究竟是怎样一种东西呢？

敕书，也称为诰敕，身兼多职，是明廷的委任状、特别通行证和贸易许可证。

敕书上面标注着明政府授予的官职，是进京朝贡和接受赏赐的凭证；而在边关的马市上，敕书便成了贸易许可证：一道敕书，允许做一笔生意，三十道敕书，就能做三十笔生意。

不过后来，明朝的官员逐渐腐败，对待女真的态度也随之恶劣。不仅在贸易的时候尖酸刻薄，而且为了满足一己私利，挑拨女真内部分裂，其中一些小的部落开始闹分家。

内忧外患，各种矛盾相互激化，局势开始动荡，部落之间火并持续不断。

明廷也转变政策，开始动用武力干涉女真事务，东北的局势越来越混乱。女真武装势力也开始侵扰明朝的边关，杀害、掳掠明朝百姓。

在1559年努尔哈赤出生时，东北的形势已经类似于成吉思汗少年时的蒙古高原的形势，一首歌谣可以被用来恰如其分地描述当时的情况：

星空旋转着，众部落都反了。

不得安卧，你争我夺，抢夺财货。

草地翻转了，所有的部落都反了。

不得下榻，你攻我打。

没有思念的时候，只有彼此冲撞。

没有躲藏的地方，尽是相互攻伐。

没有彼此爱慕，尽是相互厮杀。

家不再是遮风挡雨的避难所，家不再是疲惫心灵的港湾，家不再是我的家！

乱世中的努尔哈赤回到家里就是那种寄人篱下的不痛快，走出门去便像一只丧家犬似的左躲右避。他这时的信念只有一个：活下去！

既然父亲不管我了，那我就去找娘家人，于是带着弟弟舒尔哈齐投奔了外祖父王杲。

尽管他坚定地活着，小心地躲着，他还是被抓了。那一年，他十五岁。

第二章　何去何从的荒唐青春

所谓的早期修炼，那都是把人生倒着看

努尔哈赤努力劳作，足迹踏遍了辽东大地。

正所谓，读万卷书不如行万里路，行万里路不如阅人无数。走出校门，这句话就是局部的真理，更何况，在那个用刀剑说话的年代。

对他而言，万里路已走了，无数人也阅了，一生受用的财富已经在积蓄了。

女真是渔猎为生，生存的威胁使得人人都有一身本领。

骑马射箭是必不可少的技能。在童年时期，无论男女，一律学习骑射。善于骑射、作战勇敢的人，会冠以“巴图鲁”的称号，就是“勇士”的意思。

年幼的努尔哈赤在艰苦的生活锻炼下，不仅没荒废那一身武艺，反而更加精进。

努尔哈赤迫于生计，经常在东北各个市场之间奔波，接触到大量来自各地的商人，不仅有来自关外的，还有来自关内如山东、山西、河北等地的，特别是在努尔哈赤祖先开办的抚顺马市，更是八方商客络绎不绝。

努尔哈赤常年与内地的商人打交道，对中原文化的接触也逐渐增多，繁荣昌盛的社会在他孤陋寡闻的内心里逐渐扎根成了一种渴望。

努尔哈赤恐怕不止一次梦见雄伟的大明皇宫、宽阔的北京城街道、顺滑的绸缎衣裳。

史书记载，这个时期的努尔哈赤经过多次接触，产生巨大的向往，主动学习汉文化，精通了汉语，平时最爱阅读的书就是《三国演义》和《水浒

传》。因为书中的英雄人物、丰富的战例、用兵的神奇以及治国安邦的道理，都极大地吸引着努尔哈赤，不断刷新着他的三观。

然而，努尔哈赤真的喜欢“阅读”《三国演义》吗？

努尔哈赤是女真人，女真族在当时是没有文字的，官方的文件都是使用蒙古语或者汉语。他们的思想和生活习性都还停留在原始社会晚期，根本还不懂教育的意义。那些极少数的文化人都是在明廷留过学的或者是明廷派遣过去的。

一个十几岁的孩子，每天的生活除了到市场上卖山货，便是跑到山林里去采山货。仓廪实而知礼节，衣食足而知荣辱。温饱问题都还只是勉强解决，他会深沉文雅到去学习汉语，阅读《三国演义》？

没错，古代确实不乏凿壁偷光、囊萤映雪这样衣食有忧仍不辍学习的例子，但是，人家这样努力，不只是因为兴趣，而是投资。学而优则仕，古代读书才是出路。但是对于努尔哈赤，他读书会有出路吗？为了兴趣饿死自己，他干得出来吗？

经常和商人做生意，能说几句汉语是正常的。但如果是精通、毫无障碍地阅读《三国演义》，那起码也得有个八级水平吧？你让一个从来没受过文化熏陶，又没有时间看书学习的人直接考八级？除非他是万中无一的语言天才。

长大后天天忙着骑马打仗，夜里睡觉的时间都没有，还想着留出时间来看书？取得了那么多场胜利，那是《三国演义》里看来的？那都是拿命换来的经验，血的教训！成吉思汗看过多少兵书？人家用兵如神，那都是杀出来的经验。赵括倒是看过不少兵书，可惜才打一仗就丢了性命。

所以说，努尔哈赤可能接触过《三国演义》，可能听过里边的故事，但也可能仅仅就是在市场上卖山货时坐在茶馆外边偷偷听到了几段评书。

或许另外还有一种可能，那就是他真的遗传了他外祖父王杲的基因。史书记载，王杲“为人聪慧，有才辩，能解番汉语言字义”，也就是说王杲天资聪颖，精通汉族语言。而且后来努尔哈赤又投奔了外祖父，跟外祖父生活在了一起。如此一来，有天赋，有环境，似乎确实可能。

但实际上，从努尔哈赤一生的表现来看，似乎没有这种天才痕迹。而且跟外祖父生活在一起，也就两年的时间，一个文盲，两年之内突击成一个语言大家？这难以叫人信服。而且“史书记载”，谁敢确定这执笔的史官写出来的有几分真实、几分谄媚？

为了御用文人的一句溜须之辞，花费了这么多墨水来讨论。假大空一旦成了权威，实在害人不浅。

祖父与外祖父杠上了

在大明集团驻东北办事处里面有这么两个人。

姓名：觉昌安；王杲。

和努尔哈赤的关系：祖父；外祖父。

职位：建州左卫都指挥使；建州右卫都指挥使。

业绩：觉昌安曾经业绩不错，但在和最大的竞争对手斗争中失败，虽然还是副总经理，但是实权已经不大；王杲业务能力很强，偶尔还会抢占总公司的市场，正在努力成为建州区的总经理。所以觉昌安主动提出给王杲打下手。

表面关系：亲家。觉昌安的儿子娶了王杲的女儿；王杲的儿子娶了觉昌安的孙女。

深层关系：敌人。觉昌安给王杲打下手是间谍行为；王杲利用觉昌安控制建州区的市场。

发展关系：王杲的女儿去世了，觉昌安的儿子娶了海西区总经理的女儿，开始逐渐摆脱王杲的控制，同时向大明集团投诉王杲，想把王杲搞下台，独自控制建州区。

唯一的纽带：努尔哈赤。

这唯一的纽带不牢固，很快就松懈了——努尔哈赤离开了家。

继母容不下他，父亲管不着他，终于，在十五岁那年，努尔哈赤带着十岁的弟弟舒尔哈齐离家出走，投奔外祖父王杲。

王杲是一个很有野心的人，发展成建州势力最大的军事老大之后，不愿意再跟着朝廷干了，对明廷采取强硬的反抗态度，经常率兵侵扰明朝在辽东的边城。

嘉靖三十六年（1557 年），王杲率部到抚顺强行关闭马市贸易。出于对明朝贪官污吏的愤恨，王杲带领部众杀死抚顺官员彭文洙，并掠夺东州、会安等边堡。

嘉靖四十一年（1562 年），王杲又在媳妇山设伏，生擒杀死明辽阳副总兵黑春。

自此之后，王杲声名远扬，不断以武力挑衅着明边军吏，抢掠财物，扣押百姓充当奴隶，王杲还利用明廷边吏贪财好色的特点为自己谋利，强行索赏。

王杲清楚，倘若正面交锋，自己是打不过明廷的，所以每次都是闹闹情绪似的小打小闹。明朝也知道东北已经乱了，可实在是手头的事一大堆，怎么也抽不出手去管那边了，所以就动动嘴皮子，安抚一番这个冲动的家伙。

派出使者与王杲在边境达成盟约：从迤南到马根单堡这片土地，以后就归你王杲所有了，我大明不会包容你王杲的逃犯。你要做的就是不要再来抢我大明的人口、牲畜、财物，不干扰正常的开市贸易。

这次盟誓后，抚顺边外短暂地平静了两年。

与此同时，努尔哈赤的祖父和父亲在做什么呢？

努尔哈赤父亲、祖父对王杲也不是诚心归顺，当初的政治联姻是政治手段，况且联姻之后，自己没得到丝毫好处，反而被拉着跟明廷对着干，被明廷记恨，搞得自己里外不是人。所以一旦战争成为必要，最先被踢开的就是女人。

事实上，努尔哈赤父亲、祖父一直都在作准备。

第一步，当王杲和明朝的关系越来越紧张的时候，努尔哈赤的父亲和祖父开始和明廷走得很近，多次暗地里给明军带路攻打王杲。

第二步，努尔哈赤的父亲新娶的媳妇来自海西女真的王台部落。这表明努尔哈赤家族已经跳槽到王台集团了。

第三步，当嘉靖四十一年（1562 年），李成梁出任险山堡（今凤城东南）参将以后，努尔哈赤的父亲和祖父就开始正大光明地投靠了明廷。

有海西女真和明朝李成梁这两个大砝码，觉昌安和王杲的重量发生了变化，天平的指针渐渐地偏向了一边。

这次不止无家可归

苦难总是漫长的，幸福总是短暂的。不只是心理因素，事实也确实如此。

努尔哈赤投奔他的外祖父王杲以后，原本生活可以安定一些。可是，人算不如天算，他的屁股还没有坐热，就又经历了危机。

万历二年 (1574 年)，抚顺边外的平静再次被打破。

原因之一，辽东巡抚张学颜提出要查验王杲敕书。原来王杲虽有敕书三十道，却多是抢来的，或是化名后骗来的，他自己原有的敕书仅十八道。这种情况，当然是经不起查验的。于是王杲又故态复萌，再次入边抄掠。

原因之二，王杲有四个逃亡的部下投靠明边被收纳，这实际上是明廷违反了两年前的盟约。王杲的得力干将来力红向抚顺备御裴承祖要人，裴承祖不予理会。于是来力红率骑入关掳掠了明朝五人。裴承祖招来力红，索要被俘人员，也遭到了拒绝。裴承祖率三百兵来到古勒寨以武力威胁，王杲得知，立马赶来支援，将裴承祖围困、俘虏。后来，王杲残忍地杀害了裴承祖。同时被杀的还有明廷增派的援兵把总刘承奕、百户刘仲文。这就是当时震动朝野的“裴承祖被杀事件”。

备御是个什么官？是当时的高官。王杲一口气干掉了几个高官啊。

王杲的这次行为，给辽东军民造成了极大恐慌，“时自开原至辽阳，自将领至屯民，在在煽动，人人自危”，同时也引起了明廷的高度重视。

明廷立刻在马郡单、馒头山一线部署明军，截杀入抢的王杲部将。命令王台搜捕王杲与来力红，实行军事制裁；同时取消王杲的入市资格，实行经济制裁。

王杲一不做二不休，纠集三千骑兵，攻入明边，准备狠狠地抄掠一番，撕破脸与明廷叫嚣。不料正中明军的埋伏，王杲兵败，逃回了老家古勒城。

偷鸡不成蚀把米，王杲这窝囊气受的！不过有气受到底还是幸运的，很快他将会气都没了。

两个月后，辽东总兵李成梁率领着六万人马，推着火炮，扛着火枪浩浩荡荡地朝着王杲的古勒城走来了。前面带路的是努尔哈赤的祖父和父亲。

我们先来了解下古勒城，以便清楚李成梁和王杲这两军对峙是怎么个情形。

当年，凡察与董山叔侄之间发生了卫印之争，结果建州左卫一分为二，董山掌管实力较为强大的左卫，屡次排挤叔叔凡察的右卫。凡察不堪其辱，就西迁，迁到了古勒山一带。由此，以青龙岭（马尔墩岭）为界岭，形成东西建州。

经过几代的传承、混乱，直到王杲继承首领位，重建古勒城，势力迅速崛起，进而反吞了左卫，当时努尔哈赤的祖父和他的几个兄弟都归属到了王杲麾下。

势力扩展之后，王杲开始对古勒城进行了大规模的拓建。拓建后的古勒城，城西、南、北三面为天险峭壁，构成了三面壁立的天然屏障。防御设施建有内外两重城墙，建有一座城门。

这样的防御工程，也算得上一夫当关，万夫莫开了。

战斗打得很顺利，势如破竹，但是作为竹子的是王杲。

战斗首先在古勒山前打响，李成梁还是先在几处要害处埋下伏兵（具体地点、具体人名就不交代了，交代清楚了反而显得乱），然后叫人上去诱敌。敌人一上钩，立马围上去，来个瓮中捉鳖。如此，王杲又败了，躲进了古勒城。

又中埋伏，王杲在同一个地方连续跌倒了两次。这让我不得不重新审视前面史官说的话——“为人聪慧，有才辩，能解番汉语言字义”。

面对沟深垒高、栅坚山险、易守难攻的古勒城，李成梁下令：“开火！”一时间，火器齐发，连破数栅。

云梯、索绳架起，明军发起进攻。来力红等人拼死抵抗，投石射箭，枪林弹雨，明军死伤无数。明军小分队避其锋芒，从东北角登入，随后，明军像潮水一样涌进古勒城。

王杲见外城失守，便退入内城。李成梁一鼓作气，明军敢死队以血肉之躯迎着箭石，攀缘而上，并顺风发起火攻。箭石用尽，寡不敌众，最终王杲弃城逃亡，来力红等十数名部将战死，明军斩级一千一百零四颗，夺获牛马五百二十五头。

古勒山前，王杲完成了人生的转折，从此陨落；几年之后，王杲的外孙努尔哈赤也将在这个地方实现人生的转折，从此辉煌。

但这会儿，努尔哈赤兄弟俩却只能束手就擒。

关于这段历史，史书众说纷纭，或者极尽铺陈，或者一笔带过。

现在摆在我们面前的这个歧路口分出去三条岔路：

第一，努尔哈赤没有被俘一说，他在很小的时候就被李成梁收养或者他在很小的时候就做了李成梁的家奴。

第二，努尔哈赤在万历二年（1574 年）王杲兵败时被俘，做了李成梁的童兵。

第三，《清史稿》的说法，努尔哈赤在万历十一年（1583 年）阿台兵败之时被俘，做了李成梁的童兵。

众说纷纭和语焉不详使历史变得更加扑朔迷离。

由于女真没有文字，而且历史学家也没有预见能力，谁会想到这努尔哈赤死后还会被尊奉为太祖，所以对努尔哈赤的记载多凭借的是记忆。写史书的人问来问去，问到了各种答案。然后掺杂进自己的立场，就成了这样一部有个人感情色彩的史书。

另外，《清史稿》虽说名字看着像官方文件，但其实是辛亥革命后，在军阀混战中完成的。事实上还不算完成，北洋军阀倒得太快，清史馆突然就没了资金来源，没有核改就匆匆出版发行了；而且，当时的编写者多是些清室遗臣遗民，他们站的是清王朝的立场，难免有偏向。所以说这仅仅是部史稿而已，还称不上是一部史籍：体例不一、繁简失当，年月、地点、事件、人名漏洞百出，记载多经不起推敲。

遗憾的是，笔者不才，没有穿越历史的特异功能，不能回到过去一探究竟，只能根据各类史料，博采众长。有句话说得好，要想证明我是错的，最好先证明你是对的。不巧，在这个问题上，我无法证明你是错的，也没有铁证说明我是对的。所以，读者朋友你也有权力自己选一条路，殊途同归，走过这段歧路，我们在下一个路口会合。

所以，努尔哈赤被俘了。那么，为什么李成梁不杀了他呢？

关于这一点，史书上的记载又是五花八门。

有的说，努尔哈赤机灵，眼看势头不对，立马装作可怜兮兮的模样，跪在李成梁的马前，一把眼泪一把鼻涕地求李成梁放过他。李成梁看他有些聪明，就没有杀他，而是让他跟着部队当一个童兵。

有的说，努尔哈赤身材高大、武艺高强、有勇有谋，李成梁很欣赏，就让他跟着部队一起打仗。

其实，李成梁不杀努尔哈赤，绝不是一时头脑发热地喜欢上了这个孩子，而是他知道了这孩子的身份。

如果他不知道努尔哈赤兄弟俩的身份，那被杀有很大的可能；但当他知道了这俩孩子的身份，那被杀的可能性就小了。

之所以可能性小，有下面几点原因：

第一，努尔哈赤是女真上层社会的一个成员，家族背景显赫，虽然当时活得并不出彩，但瘦死的骆驼比马大，随随便便就给杀了，怎么向女真各部交代？

第二，努尔哈赤的祖父和父亲投靠了李成梁，在这次军事行动中又起了马前卒的作用，不看僧面看佛面，就留下这两条没什么价值的命吧。

第三，留着努尔哈赤在身边可以当一个人质，要是努尔哈赤的祖父或者父亲有异心，也可以拿努尔哈赤作为威胁。

第四，李成梁可能有着很长远的计划，想把努尔哈赤培养成自己在女真各部里面的代言人，毕竟努尔哈赤出身优越，在女真各部里面有一定的影响。

第五，我们当然可以认为，当时的努尔哈赤的确表现出低三下四的模样，讨得了李成梁的欢心，但这不是必要的因素。

就这样，努尔哈赤从一个落魄的贵族子弟摇身一变，成为李成梁部下的一员童兵。不过，这童兵没当几天就逃跑了。

为什么要逃跑？因为他的脚底板不一般。

为什么能逃跑？因为他有女人缘。

脚踏七星，忙着逃命

虽然努尔哈赤尽心尽力为李成梁工作，但是交情归交情，该杀你时还是要杀你。

当初努尔哈赤出生时，有紫气东来，不过这事明廷没有太在意。况且照这几年努尔哈赤的生活来看，这紫气来得似乎没什么影响。

但最近，明朝那边开始有动静了。万历皇帝朱翊钧笃信天象风水，近

年来常感觉到异象，担心会危及自己的江山，于是令天师夜观星象，每天做记录。

通过每天的观察，天师渐渐发现紫微星越来越暗，在北斗七星跟前出现了一颗越来越亮的大星，光芒完全暗淡了紫微星。又有一晚，这颗亮星突然划落，朝着东北一带落去。

天师不由打了个冷战，急忙跑去禀告万历：大星已经临凡，乱世之人将现身在白山黑水一带，是一个脚踏七颗红星的少年。请圣上速派人前去捉拿，及早消除隐患，确保大明江山永固。

在过去，北斗七星被认为是极星，指向正北，位于天空中心。在星宿中属紫薇垣，紫薇垣对应的是人间帝王，是帝星所在。所以极星北斗又被认为是天帝居住的地方。

万历如此笃信天象风水，以致死后的“葬式”（即尸体在棺椁内摆放的姿态）也使用“北斗七星”式。这种复杂的姿势曾经困扰了无数考古专家近半个世纪，直到人们把天象风水融进了推测才解开了这个谜团。

另外，在对南京明孝陵考察时，利用航拍技术，专家学者惊讶地发现大明王朝开国皇帝朱元璋的陵区布局竟然也是“北斗七星”布局。

言归正传，万历一听天师的奏报，立马颁布圣旨：“奉天承运皇帝诏曰……”

从明朝起，开始使用“奉天承运”四字。正确的断句绝不像电视剧里那样：奉天承运，皇帝诏曰。而是：奉天承运皇帝，诏曰。翻译过来就是：遵从天命承新生气运的皇帝，诏命天下说。

当然这个时候，万历发的是密旨，越少人知道越好。

与此同时，努尔哈赤因为表现优秀，深得李成梁器重，成为李成梁的贴身侍卫。

一天李成梁的小妾在给李成梁洗脚，李成梁一时情绪上涌，陶醉开来，说：想我四十岁才行大运，遇流年，却在短短几年之内立了那么多功，做到今天这样的大官，那都是因为我的脚上长了七颗黑痣啊！想当初，算命先生对我说，脚心长七颗黑痣，将来定成文武大臣；要是长了七颗红痣，那就是脚踏七星，有朝一日要做人王地主的。

他的小妾接过话头，说：我倒是看到努尔哈赤的脚上有七颗红痣。她是怎么知道的？李成梁没问，我也不知。李成梁没问，是因为他吓住了——七颗红痣，那可是天子的征兆啊。从此对努尔哈赤多了一份戒心。

没过几天，钦差便带来密旨，要李成梁紧密追查一个脚底有七颗红痣的人。

李成梁心里一个冷战，这才意识到问题的严重性。不过他没有立即把自己知道的告诉钦差，而是回命立即追查。

李成梁吩咐几个人把努尔哈赤抓起来，过几天送到京城去。

这秘密的吩咐恰巧被他的小妾听到了，小妾立马把消息带给了努尔哈赤。

努尔哈赤可不是案板上的肉，得到消息后就立刻骑上一匹大青马跑了，他养的那只黄狗也跟着跑了，小妾在院里的柳枝上系上白绫自缢了。

李成梁得知消息，马上派兵追赶。

逃了一夜的努尔哈赤筋疲力尽，一头栽倒在一片枯草丛里。后面追赶的军队见眼前枯草连天，钻进去找个人也不容易，于是放起了火。不把你逼出来，就把你烧死在里面。

烈火一遇干草，噼里啪啦，凶猛的火势眼看就要烧到努尔哈赤的身边了，跟着他逃跑的黄狗舔舔他的脸，又咬着他的袖子扯扯他的手，他都毫无反应。狗儿急得汪汪直叫，原地打转，转了几圈，突然停住，盯着不远处的一个小湖，冲过去，跳进湖里，浸湿了身体，然后回到努尔哈赤身边，在他周边打滚，把枯草压倒压湿，来来回回十几趟。

终于，火没有烧到努尔哈赤的身上。努尔哈赤苏醒过来，举目四望，一片灰烬，又看看身边的一圈碾平了的湿枯草，旁边卧着那只直挺挺湿漉漉的黄狗，顿时明白了一切，失声呜咽，抱起狗儿，把它埋了，并指墓为誓：今后子孙万代，永远不吃狗肉，不穿狗皮。

努尔哈赤跑了，李成梁却不能正大光明地抓，一是皇帝不允许，二是自己也不敢。因为毕竟他曾经做过自己的手下，万一被沾上点什么关系，那是跳进黄河也洗不清啊，所以李成梁干脆不管了。

保住一条命的努尔哈赤除了回家，无路可走。

这个时候，他的外祖父王杲兵败潜逃，却被海西女真王台抓住送给了明廷。

王杲被“磔杀”。

王杲死后，李成梁把王杲的地盘全部给了努尔哈赤的父亲，而且祖父和父亲都官升一级，以作为出卖王杲的甜头。

王杲死了，他的儿子还在，这个叫作阿台的年轻人，继续着父亲的事业——造反。而他的造反对努尔哈赤的一生有着重大的影响。

第三章 逆袭都是逼出来的

死得太窝囊的阿台

努尔哈赤回到了父亲塔克世的家里，他的父亲看着努尔哈赤已经成为一个大人，而自己也成为建州一个不大不小的军事头子，基本完成了当初的宏愿，于是提出分家。

事实上分家确实是一个照顾努尔哈赤的决定。

塔克世不能得罪自己的妻子，又不能看着自己的儿子不管。一分家，既避免了妻子的埋怨，又至少能让儿子拿到一点家当，况且他以后的生活如何就不再是自己的责任了。

分家的这一年，是万历五年（1577 年），努尔哈赤十八岁。

同样是这一年，努尔哈赤结婚了。妻子是赫图阿拉（今新宾）佟佳氏的女子。不过，贫穷的努尔哈赤不是迎娶，而是入赘。三年以后，他有了第一个儿子——褚英。

当努尔哈赤努力地成为一个好丈夫、好父亲的时候，命运却将他推向了时代的风口浪尖。

海西女真的王台因为抓王杲有功，得到了明政府的夸奖，还被封了个龙虎将军。双方的关系一时间好得像穿一条裤子长大的两兄弟。

但是王台毕竟年纪大了，像这种似抢地盘般扩充势力，吃的都是青春饭，谁也不服谁。一旦你不能砍了，其他人就不安分起来，包括叶赫部和蒙古各部。何况，被王台害死的王杲，还遗留下了一个有出息的儿子阿台，这个儿子可是一心要为父报仇啊。

王台、王杲、阿台，这三个人物摆在了一起，就容易有这样有趣的疑问：为什么王杲的儿子不叫王台，而叫阿台？王台、王杲都姓“王”，会不会五百年前是一家？

其实这“王”，在当时当地是一个带有身份的姓：只有混得相当不错的才能姓王。称汗的，都翻译成“王”某。所以阿台还是混得不行，也不能说不行，只是死得太早。

古勒城之战中，阿台死里逃生，但是跟他父亲王杲走失了。幸好是走失了，这才免去一死。在他父亲死后，阿台重新修整古勒城，一面收拢父亲的残部，一面招兵买马扩张，很快就又成立了一家新的集团。

这段时期里，王台已经一命呜呼了。他的权力被明廷收回，重新授权。

阿台打着“为父报仇”的旗号——这对象都倒下了还报什么仇？阿台调整方向，把矛头对准了李成梁驻守的地方——辽东。很快他就走上了他父亲的套路——袭扰辽东。

李成梁没被伤到一根毫毛，不过辽东的百姓、鸡鸭牲畜可是惨了。下边在求援，上边在催促，李成梁这假期还没度完，又得披挂上阵了，不由得埋怨起来：“阿台未剿，终为祸本。”

万历十一年（1583 年），李成梁领着千军万马又来到了古勒城外，几年前的那一幕似乎又将重演。

不过，一向打女真势如破竹的李成梁这一次遇到了麻烦，他的部队虽然把古勒寨围得连只苍蝇都飞不出来，但问题是，古勒寨的防守也让一只苍蝇飞不进去。

阿台敢造反，特别是在他父亲造反被杀之后还敢造反，自然早有准备。阿台有了父亲的前车之鉴，在利用古勒寨险要地势的基础上修建了更加坚固的寨墙，彻底告别了父亲王杲时代的豆腐渣工程。

火炮在这时几乎成了哑炮，破坏力微乎其微。上次打王杲时的那条东北角小山路这时也被堵了，重兵把守着，明军鱼贯而上简直就是往地狱里送死。而阿台呢，也不是就坐在城墙上看这明军在外面打，而是常常率一队快骑，冲出城门，绕着城墙突袭一番，打得明军措手不及。

李成梁久攻不下，很生气，心想我到辽东这么长时间了，什么时候有过这种耻辱？越想越气，就把尼堪外兰喊过来狠狠地数落了一顿。

尼堪外兰是明军这次行动的向导。觉昌安和塔克世也在，但是不再是向导，而是作为游客，他们不用做什么，就是战争结束后捞捞军功。不过他们也没闲着，而这一没闲着，就要了他们的命。

尼堪外兰很郁闷啊，他想，我把明朝军队喊过来的目的是什么？还不是指望着能够借这棵大树乘凉？不行，我们得想辙。

能当“导游”的，嘴皮子的功夫不会差到哪里去，尼堪外兰这家伙虽然不是真正的导游，但比真正的导游还能说。于是他想到了施展一番他的捭阖术，准备对城楼上的守兵劝降。

不过他刚走到城下，就被守兵认了出来。上面沸腾了：

呦，这不是隔壁图伦的尼首领吗？怎么首领不当改当向导了？

他去年还偷了咱们的两匹马呢！

帮助明军打咱们女真人，败类！

…………

情绪高亢，看这情势劝降是不可能的了。头脑灵活的他，灵光一闪，临时换了一套说辞，不讲慷慨的大道理，直接用实质性的利益诱惑。

于是，尼堪外兰朝着城楼大喊：“太师（李成梁）有令，若能杀阿台者，即令为此城之主。”

此话一出犹如一声炸雷，城楼上鸦雀无声。片刻安静之后，城楼上又炸开了锅。守城的人一拥而上，把阿台给砍了，砍了个稀巴烂，也不知道是谁砍下了第一刀，谁砍下了致命的一刀。不过这都不重要。因为，城里的人，通通都要死！

这个故事情节一波三折，却还有一泻千里的快感，我实在不忍心看。刚刚还骂尼堪外兰败类的“义士”反手就干掉了自己的首领，这逆转也太神速了吧！

杀死阿台之后，部下们打开城门恭请李成梁。

李成梁冷峻的脸上没有丝毫表情，深邃的双眼透露着一股杀气……

死得太憋屈的父亲、祖父

“杀——”随着李成梁这个冷酷的口号的发出，明军像猛兽一般地冲进城门，刀光剑影地砍了起来。

一颗首级五十两，外带加官晋爵，这可是捡军功的大好时机。

阿台的部下一个个都蒙了，明军这边一个个杀红了眼。一边是猝不及防地挨砍，一边是争先恐后地在抢。

除了少数几个脚底抹油的部下逃脱了，古勒城的军民倒在了血泊之中。

不一会儿，清剿古勒城的战果就出来了：枭首两千两百级，缴获器械、囊驼、马牛羊无算，毁其巢穴。

再来问李成梁，人家都投降了，你还要屠城？

李成梁冷笑一声，回道：他们今天可以杀了阿台，明天就可以杀我，这样不忠心的人留着干吗？况且尼堪外兰的承诺，并不是我的意思，也未经我的许可。说到底，那只是张空头支票。

可是城里面还有两个明朝的官员啊，竟然把他们也砍了。

李成梁过去一瞧，果然砍多了——把觉昌安和塔克世也给砍了。但是这是谁的责任呢？又有谁知道是谁砍的呢？

话说这爷俩好好地待在一旁当观众怎么会被砍了？因为他们没闲着。看着明军久攻不下，他们也心急啊：一是心急明军打不下古勒城；二是心急阿台的妻子。

前面提到，努尔哈赤家族没落，于是觉昌安与王杲联姻，觉昌安的儿子娶了王杲的女儿，觉昌安的孙女嫁了王杲的儿子。这阿台的妻子，就是觉昌安的孙女，塔克世的侄女，努尔哈赤的堂姐。

他们当然要救她出来了，如果顺便能把阿台劝降了，那就更完美了。

人算不如天算，他们溜进了古勒城还没来得及出来，明军就杀了进去。刀剑无眼，杀红了眼的明军又哪里管那么多，见人就砍。

于是“二祖皆及于难”。

亲人死了，努尔哈赤的心情可以想见。

不过，其中有些小故事可能有些意思。努尔哈赤离家出走，投奔外祖父，为什么？是因为他的父亲对他太好了，他不好意思留下来？——因为他的父亲待他并不好。

为什么不去自己的祖父家？——因为他的祖父不想要他。

就这么两个对自己无情的亲人，即使死了，努尔哈赤想报仇的心情也许并没有后世很多人说的那么夸张。

应该是自己的外祖父死了，才是他报仇的根本原因。

但他的外祖父是因为造反被杀，努尔哈赤能说为外祖父报仇吗？所以努尔哈赤说为父亲、祖父报仇。

给我一个冠冕堂皇的理由

祖父、父亲憋屈地死后，努尔哈赤表现得悲痛欲绝，他愤慨地质问明边官员：我的祖父和我父亲没有任何罪过，为什么无缘无故被杀了？我和你们有不共戴天的仇恨！（“我祖父、父亲何故被害？汝等乃我不共戴天之仇也！”）

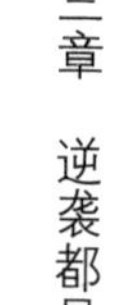

“非有意也，误耳。”明边官员漫不经心地回答，接着开始诵读明廷对因公殉职官员的家属努尔哈赤的赔偿：

第一，归还努尔哈赤祖父和父亲的遗体；

第二，赐予敕书三十道、马三十匹；

第三，承袭建州左卫指挥使，加封建州左卫大都督。

这份赔偿，看着还挺诱人的，但如果细细分析一下，那几乎什么也没有。

首先看第一条：归还遗体。这能叫赔偿吗？这是自古至今天经地义的规矩。

再看第二条：敕书三十道、马三十匹。前文已经提过，这敕书是明政府的委任状、特别通行证和贸易许可证。这敕书原本就是授予女真各部落首领的，而建州左卫指挥使原本就享有每年三十道的敕书。不存在赐予一说，只能说是物归其主。而马三十匹，这虽然说是借花献佛，而且这花还是自家产的，但毕竟算是比较值钱的一个赔偿了。不过到最后连马的影子也没见到。

然后看第三条：承袭权位，加封都督。这个赔偿应该让努尔哈赤高兴了吧。而其实高兴也是白高兴。虽说女真实行幼子继承制，但这也不是定论。女真的情况常常是这样，从大儿子到小儿子，争来争去，最后只有干一仗才能知道是谁继承。

而在努尔哈赤家里，虽然努尔哈赤已经在不久前分家，按理说已经没有继承权了，但是偏偏他后娘生的那个幼子不学无术，整天惹是生非，让塔克世非常不满，而能干的努尔哈赤令父亲感到欣慰，况且这时后娘的利用价值已尽——因为王台已于万历十年（1582 年）一命呜呼了，于是就在被误杀的前几个月，塔克世召回了在外的努尔哈赤三兄弟并宣布努尔哈赤为继承人。

女真承袭权位，原本明廷只是点点头的作用，现在却把握了指任权，还把它当作了赔偿，努尔哈赤能高兴吗?

再来说说加封都督，这都督就更是大噱头了。努尔哈赤抱着那道委任大都督的敕书，左等右等，等到胡子白了还不见那顶乌纱到来。

所以努尔哈赤的赔偿根本就是顶着军长的名，握着团长的权，带着排长的兵。

当时努尔哈赤心中愤愤不平，加上明边官员那冷淡的口气，听着这些赔偿，他完全没心思去想，只是感觉还不错，但是他还是不满意，当然他没有觉得不对劲，只是自己的一腔幽愤总得有个人发泄吧。这个人不能是明边官员，那就只能是尼堪外兰了。

于是，努尔哈赤提出："杀我父我祖者，实为尼堪外兰唆使也，但得此人予我，即甘心也。"

对于这个要求，明边官员不再漫不经心，而是声势威严，语带恐吓地回答："尔祖、尔父之死，因我兵误杀，故而以敕书、马匹予汝，还赐以都督敕书，事已完也，今复如此，吾誓助尼堪外兰筑城于界心，令其为你主。"该赔的我都赔了，如果你还敢对尼堪外兰闹事，我指天为誓，帮助他筑城，扩张势力，让他做你的首领。

所以，尼堪外兰不仅没有受处罚，还得到了明廷的大力扶持，被任命为建州三卫的总头目，声威大振。很多部落都相继投靠，甚至连努尔哈赤家族的其他五祖的子孙，也都"对神立誓"，要杀掉努尔哈赤，归顺尼堪外兰。六祖的子孙后代重复着当年六祖的足迹。

历史是个圈，走也走不出：历史就是鬼打墙!

努尔哈赤很受伤，不过现在不是伤心的时候，摆在他面前有两个选择：

一是像当年祖父觉昌安投靠王杲一样投靠尼堪外兰——为了生存。

二是绝不屈服——为了尊严。

生存还是毁灭？这是一个问题。

万历十一年（1583 年）五月，也就是他祖父和父亲死后三个月，努尔哈赤用祖先遗留下来的 13 副盔甲组织了一个武装小队，开始反抗。

与其坐以待毙，不如奋起杀之，况且这时又有一个很天经地义的理由——“为祖、父报仇”。

起兵后的努尔哈赤不得不面临着严峻的形势：自己这边只有盔甲十三副，人手加上自己也才十三人；对手尼堪外兰兵强马壮，人多势众，又有明廷在后边撑腰。双方的差距已经不是“悬殊”能形容的了。

但就是在这样一种实力悬殊的局势下，努尔哈赤凭着这十三副盔甲，开始了他长达四十三年的征战人生，不仅报了仇，还最终成为后金的大汗、大清的创始人。

他究竟是如何办到的？

奇迹，永远出自别人的口

虽然努尔哈赤决心很大，但是光有决心解决不了问题。

批判的武器当然不能代替武器的批判。想要报仇，不仅要有决心，还要有实力。

自己的力量不足，努尔哈赤很清楚，所以他开始寻找联盟。

努尔哈赤从他家族的所在地苏克苏浒河部出发，打着追杀仇人尼堪外兰的旗子，开始了一路征讨。

复仇的种子播撒一路。

在最初的根据地，他的旗帜下逐渐聚起了苏克苏浒河部的三位城主：萨尔浒城城主诺米纳、嘉木湖城主噶哈善、沾河城主常书。

他们都因为愤恨尼堪外兰聚到了一起，本着相同的目的，怀着各自的打算。

有了三位城主的加盟，努尔哈赤信心大增，他与三位城主盟誓，并把妹妹嫁给了嘉木湖城主。

进攻是最好的防御。努尔哈赤组成这个联盟之后，便向尼堪外兰所在的图伦城发起了进攻。

不过，这个联盟还没有经受考验就遭到了肢解：他们之中实力最为强大的城主诺米纳临阵脱逃，还背叛了努尔哈赤，把攻城的消息泄露给了尼堪外兰。

等到努尔哈赤一行人站在图伦城前的时候，只剩下嘉木湖城主和沾河城主跟随左右，部队不足一百人，其中穿甲部队十三人。

箭在弦上，不得不发。万历十一年（1583 年）五月，努尔哈赤发动了对图伦城的进攻。

原本这该是一场蚍蜉撼树的较量，但出乎意料的是，努尔哈赤一方几乎毫不费力地攻占了图伦城，尼堪外兰早已不知去向。

后来的历史书中，写起这一段，大都把它归结为清太祖努尔哈赤的个人英雄主义，或者是谦虚点的说法，他的英勇无畏与他慧眼辨识的部将额亦都、安费扬古等之间的完美配合。

以少胜多不是没有见过，但是正面战场的以少胜多却是罕见，况且还是鸟枪干大炮，甚至鸟枪也没有，而是短刀。短刀干大炮，还三下五除二地就干倒了。大家正想着坐下来好好看看这努尔哈赤是怎么死的，没想到，才刚坐稳，图伦城就被就攻陷了。

事后逃亡到明军控制地方的尼堪外兰又被明边官员亲自押送到了努尔哈赤的面前。

这场战争透露着太多的诡异。

难道努尔哈赤的背后真有神助？神有没有不知道，不过他的背后确实站着个人。

这个人就是——李成梁。

与子成说，背后的交易

对于明廷驻辽东的最高长官李成梁来说，驻扎辽东是他的工作，对付女真也是他的工作。他在这块地方待的时间越长，就越清楚自己的工作是什么性质。

从隆庆四年（1570 年）至万历十九年（1591 年），他在辽东付出了二十二年时间。在这二十二年里，他“师出必捷，威震绝域”，打了无数次的胜仗，多得连他自己都记不清了。《明史》尽管对他颇有微词，但也不得不承认：“边帅武功之盛，两百年来所未有。”

但让人感到不明白的是，打了这么多胜仗，为什么总不能消除女真人的忧患？

别人可能不明白，李成梁自己却清楚——他是根本就不想彻底消灭女真人。

对于一个国家来说，战争或许不是一件好事；但对于一个军人来说，没有战争他就什么也不是。

万历年间有两大边关名将：东南戚继光，东北李成梁。其中戚继光的治军之术和平倭功绩更为人称道，功劳不比李成梁小。但是他打得太拼命，浴血奋战十数年，从江南赶尽了倭寇，把蒙古各部势力关在了长城之外。

可是戚继光的下场呢？——被人排挤，病死家中。

这些李成梁都看在眼里，看得心都发慌。

狡兔死，走狗烹；飞鸟尽，良弓藏；敌国破，谋臣亡！

所以，在李成梁的戍守下，敌人就像韭菜，割完一茬还有一茬。

而且，困境中的朝廷不能给李成梁太多的军费，李成梁要想继续战争，继续发财，就只能从对手身上搜刮。只有不断更替的女真人存在，他才有源源不断的收入和稳定的职位。

所以李成梁一边不断地干掉坐大的势力——王杲、阿台，还有之后的逞加奴、叶赫，一边不断地寻找新的代理人——从王台、塔克世、尼堪外兰再到现在的努尔哈赤。

他为什么会放弃尼堪外兰，而扶持努尔哈赤呢？

第一，可能是努尔哈赤毕竟曾经当过他三年的亲信，他对努尔哈赤还是有情谊的。

第二，这个时候的尼堪外兰已经过于强大了，如果这次战斗中把努尔哈赤也消灭了，那以后女真就没有可以同他抗衡的势力了。

第三，对于脚踏七星的预兆他可能心有余悸，但此时努尔哈赤还不是自己的敌人，不是他糊涂而是努尔哈赤太过弱小，远远没有成为敌人的资格；等到努尔哈赤成为威胁时，他又可以把他一脚踢开，另觅新欢。

出于这几点考虑，李成梁毅然决然地倒戈，站到了努尔哈赤的一边。

需要注意的是，尼堪外兰是明朝扶持的代理人，李成梁再怎么大胆也不敢明着跟自己的老板对着干。所以李成梁在暗中扶持着努尔哈赤。他当然不会直接派兵帮助努尔哈赤，也不会助长努尔哈赤的实力，但他可以削弱努尔哈赤对手的势力。

但是他万万没想到，就因为这一步的失误，导致戎马一生前功尽弃。后人的歌颂中没有自己，名字在历史中堆满灰尘，即使被提到，也只是一脸的鄙夷和痛骂。

因为，太不巧，万历十九年（1591 年），李成梁被解职，被他谨慎地压抑着的努尔哈赤突然之间没有了羁绊。

而等到他官复原职回来的时候，一切都晚了。

第四章　从自己有事业开始

我能容忍一切，除了背叛

图伦城的陷落对于东北女真来说是一次重新洗牌的开始。尼堪外兰潜逃，努尔哈赤成为东北女真部的新生势力，整个东北的形势亟待调整。

建州是努尔哈赤的祖宗发迹的地方，也是努尔哈赤努力的方向，借着背后这股隐形的力量，他开始了统一建州的步伐。

万历十一年（1583 年）八月，得知尼堪外兰消息的努尔哈赤再一次打着“为祖、父报仇”的旗号，把矛头对准了尼堪外兰所在的甲板城。

可这一次，尼堪外兰还是逃脱了，原因还是诺米纳的事先告密。

接连两次报仇失败，努尔哈赤怒火中烧：如果不是诺米纳的一次次背叛，尼堪外兰早就被自己斩了。诺米纳成了愤怒的努尔哈赤的眼中钉，急欲除之而后快。

而这时诺米纳的实力远比努尔哈赤强大，况且他还占据着萨尔浒城。

围攻一个比自己强大太多的敌人的城市，显然不是一个明智的选择。当初攻打图伦城是你死我亡之下的迫于无奈，况且奇迹不会每次都发生。事实是，诺米纳的实力还没对努尔哈赤背后的势力李成梁构成利益威胁，他不帮忙。

努尔哈赤虽然有心杀敌，却也只能望城兴叹。

愚蠢的人总是把别人当成傻子。报仇的机会来了，送机会的不是别人，正是诺米纳自己。

诺米纳派人对努尔哈赤说：你现在已经攻占了图伦城，如果再能帮助我攻克栋嘉和巴尔达这两座城，那么苏克苏浒流域就没人是你的对手了。不过有一个条件：城破之后，你可以带走所有的俘虏和财产，但这两座城得交给我管辖。

努尔哈赤听完使者的话，火冒三丈，但还是强压下火气，因为他意识到了这是一次干掉诺米纳的天赐良机。

一个大胆的计划现出了雏形。

努尔哈赤客气地回复使者：这个想法正合我意，你回去告诉诺米纳，我愿意前去攻打栋嘉、巴尔达二城，五天后，在萨尔浒城下会合。不过既然城破以后还要把城交给你们，那就由你们打头阵，我们作为后援力量。

使者走后，努尔哈赤神秘地笑说：他还会再来的。部将们困惑不解。

果然，第二天，使者又来了，答复：我们城主不同意打头阵，他说你们先战，我们殿后。

努尔哈赤冷笑一声，说：我就知道！让我打头阵？可以。不过我也有一个条件，你回去告诉你城主，我的兵士装备不足，他必须先借给我一批兵器盔甲，否则，我是不会去的。

出兵那天，努尔哈赤令兵士少带装备，到达萨尔浒城下后，穿上诺米纳送上的盔甲，提起诺米纳送上的兵器，装作要上路的样子。诺米纳和他弟弟鼐喀达上前送行，心中美得乐开了花。

他们万万没想到，此时努尔哈赤一声令下，将士们一拥而上，把毫无防备的诺米纳军队杀个措手不及，诺米纳和他弟弟鼐喀达被杀，其余兵士弃械投降，成了俘虏。

萨尔浒城陷落以后，努尔哈赤采取了安抚的措施，使城市能够正常运作，而这次战斗给努尔哈赤带来的不仅是城市与人口，还有大量的军备和物资，同时还有威望。

天衣无缝的巧合

对努尔哈赤来说，想统一建州，杀死一个诺米纳还远远不够。

当时的建州女真一共有八个部落：建州五部和长白山三部。其中建州五部（又称满洲五部）包括苏克苏浒河部、董鄂部、浑河部、哲陈部和完颜部；长白山三部有鸭绿江部、珠舍里部和讷殷部。

所以，努尔哈赤要做的就是先统一苏克苏浒河部，再统一建州五部，然后完成女真的统一，最后把矛头指向明廷。

而在努尔哈赤的这一系列循序渐进的步骤里，李成梁虽没有任何明着帮忙的举动，却总在无意之间给努尔哈赤创造着条件。

因为尼堪外兰的逃亡，女真这锅水有重新沸腾的可能，明廷为了继续实施一贯的平衡政策，开始了新一轮的选拔——找代理人。

万历十一年（1583 年）八月，明廷颁给了海西女真王台的后人猛骨孛罗一道敕书，正式任命他为新一任的女真代理人。

与此同时，李成梁开始进攻那些势力凸显的女真部落。

1583 年 12 月，李成梁在开原关王庙一带设伏诱击海西女真中实力最强大的叶赫部，其首领逞加奴、仰加奴以及所带部队两千余人全部被歼，叶赫部势力大损。

1584 年 1 月，努尔哈赤不顾冰雪封山之险，发兵一举攻占兆佳城，生擒统领李岱。同年，攻占马尔敦城和董鄂部的翁鄂洛城。

1585 年 2 月，努尔哈赤大败界凡、萨尔浒、栋嘉、巴尔达四城联军。4 月，大败托漠河、张佳、巴尔达、萨尔浒、界凡五城联军。

1587 年，海西女真哈达部联合叶赫部，李成梁觉察后，随即发兵攻打，斩杀五百余人。

1587 年 8 月，努尔哈赤攻取哲陈部的巴尔达城，之后，又亲率大军攻占哲陈部的洞城，灭了哲陈部。努尔哈赤筑新城，颁教令，立法制，始称王，又称女真淑勒贝勒。

1588 年，休养生息之后的叶赫部再度强大起来，李成梁再次率军攻打。杀死逞加奴的儿子那林脖罗，斩杀六百余人，叶赫部再一次陷入低谷。

此时是努尔哈赤统一建州的最后阶段。9 月，努尔哈赤率兵攻克完颜城，灭掉完颜部，完成了建州女真本部的基本统一。等到日后海西女真缓过劲来想遏制努尔哈赤的时候，努尔哈赤的羽翼已经丰满，不是他们能够击败的了。

1591 年，李成梁被言官弹劾，被迫退休。

1593 年 9 月，努尔哈赤迎战海西女真叶赫部、哈达部、蒙古科尔沁部等组成的九部联军，大败之，歼敌四千余人，史称“古勒山之战”。

古勒山之战后，努尔哈赤乘胜东进，灭了长白山北麓的讷殷和珠舍里二部，从而完全统一了建州女真。

1601 年，李成梁再度上任，不过老将已无远志。

1606 年，李成梁作出了一个重大抉择——放弃六堡，用军队驱迫迁走当地六万余户居民，理由是“地孤悬难守”。

努尔哈赤毫无代价地占领了六堡。六堡，是万历元年李成梁上奏兴建的，一度成为明廷在辽东的军事基地，是遏制女真的重要堡垒，也是辽东重镇抚顺、清河的唯一屏障，如果丢失此处，女真军队将纵横辽东，不可阻挡。

1615 年，李成梁去世，享年九十岁。

1618 年，努尔哈赤诏告对明朝的“七大恨”檄文，正式对明廷宣战。

我们不止一次地看到，李成梁和努尔哈赤两个人在生命中有着天衣无缝的巧合。两个人的行动配合默契：一个想统一建州，一个就肃清建州外围的敌人；一个要统一女真，一个就刚好离开东北；一个准备进攻明朝，一个就刚好死去。

这里面有预谋，也有缘分。

从此建州是我家

在李成梁和努尔哈赤近似完美的一唱一和之下，建州女真至此完全归于努尔哈赤的统治。

努尔哈赤统一建州的过程中发生过无数次的大小战斗，小的有几个人的战斗，大的有几百上千人的厮杀。不过对于战争过程的描写不仅枯燥，而且没有意义。

但是这十年历史里，有几件事情有必要提一提。

第一件事就是尼堪外兰的死亡。

努尔哈赤统一建州的战争旗号一直只有一个：报仇。

而事实上，他的仇人尼堪外兰早就被他杀了，这是发生在万历十四年（1586 年）的事情。

在消灭了萨尔浒城的诺米纳之后，努尔哈赤就肃清了通往尼堪外兰所在的鹅尔浑城的障碍。

万历十一年，努尔哈赤再次进军鹅尔浑城，尼堪外兰再次出逃，他仗着自己的“没有功劳也有苦劳”直奔抚顺的明营而去。

努尔哈赤得知了他的行踪，就跑到明营前向明边官员要人。

这努尔哈赤可真嚣张，看来他是准备好了要干一仗了。当初在接受赔偿时就不依不饶地说要交出尼堪外兰，报杀祖父、父亲之仇，过了三年，他又找上门来了，而且气势汹汹。

这次明朝怎么应对呢?

明边官员一点也没有保护尼堪外兰的意思，直接就把人交给了努尔哈赤。丧家之犬尼堪外兰像一块敲门砖一样地被抛弃了。

对于尼堪外兰的结果，大多数人的看法是罪有应得，事实上，尼堪外兰死得实在令人同情。

说他爱慕虚荣，吃里爬外，虽然是事实，但也是身不由己，人家明朝找上你了，你能不理?帮理不帮亲，当时阿台的罪名确实是造反。况且当时明朝可是自己的大老板，对老板忠心也算不上错，背叛老板才是卖主。另外当时很多女真人都靠着投靠明廷发迹，觉昌安和塔克世不也是一丘之貉?

给老板立了大功，却偏偏碰上了两个脑袋烧糊涂了的家伙鬼使神差地死在了自己立下的这件大功里，自己莫名其妙地就成了凶手，被报仇的人苦苦追杀了三年。而且更可恨的是，这报仇到头来只是一个幌子，顶着报仇的名义干着造反的事，白白拿自己的命不当人命看。

尼堪外兰死了，草草了结了自己的人生。

第二件事是鄂尔果尼和洛科的归顺。

努尔哈赤作战骁勇，以谋制敌，可以说是出则决胜千里，入则运筹帷幄。另外，他十分注重对将士的任用，慧眼识英雄。所以在他戎马一生中，手下大将数不胜数。

这些将军，有的是联盟部落里面的将领，随着各自的部落加盟了努尔哈赤的军队，如五大臣中的费英东、何和理、扈尔汉、安费扬古。

有的是受努尔哈赤的人格魅力吸引主动跟随的，不为别的，就是相信你努尔哈赤，如五大臣之一的额亦都。

有的干脆就是自己的亲人，如弟弟舒尔哈齐，儿子褚英、皇太极等。

还有一种将领的来源比较特殊：来自敌军，甚至还曾击败、击伤过努尔哈赤。鄂尔果尼和洛科就属于这一类型。

对待这种类型的将领，努尔哈赤的政策是不计前嫌，有本事就录取，颇有齐桓公任用管仲的味道。

万历十二年（1584 年），努尔哈赤兵临城下，发起对翁鄂洛城的进攻，烧毁悬楼和周围房屋。当努尔哈赤登上房顶跨着屋脊向城内射箭时，被城内一个叫鄂尔果尼的神射手一箭射穿头盔，箭镞破骨入肉。

努尔哈赤咬牙拔出箭，随即搭弓射向对面瞄准自己的一个敌军，那人应弦而倒。

这时，又有一个叫洛科的敌军神射手从火烟弥漫中射来一支箭，射中努尔哈赤脖颈，颈下有锁链甲胄围领，以致箭镞卷如倒钩，拔出时连带着两块肉。

兵将眼看努尔哈赤伤势如此严重，想登上房顶扶他下地。努尔哈赤连忙制止：不要靠近我，以免被敌人发现。他自己捂着箭眼，拄弓下了房，因失血过多，昏倒在地。

将官随即下令撤退，回到赫图阿拉，努尔哈赤依然血流不止，几度昏迷。

努尔哈赤总归是命大，静养数日伤就痊愈了，于是他再次攻打翁鄂洛城。这一次翁鄂洛城被顺利地拿下，神射手鄂尔果尼和洛科被俘。

手下的将领想杀了他们泄愤，努尔哈赤摆摆手，说：他们之前射伤我，那是各为其主。如今，这样的勇士，该为我所用。于是封了他们佐领的职位，统率三百军队。

士为知己者死，之后的追随中，鄂尔果尼和洛科也确实表现出了他们的忠诚。

不过说到“士为知己者死”这句话，多少还是带点讽刺的。原本这“士”是指知识分子出身、有些武艺的人，而日后我们看到的“为知己者死”的却大多是没有什么文化的勇士。大概是日后的知识分子书看得多了，肚子里全是些花花肠子，甘愿为某些人去死的话在他们听来不过是哄小孩子的玩笑话罢了。

努尔哈赤对待诚心归顺的，一律优待。怀之以德，违之以兵。正是努尔哈赤这样的做法为他赢得了更多的尊敬和支持，为日后统一女真消除了不少障碍。

第三件事是佛阿拉城称王。

万历十五年（1587 年），努尔哈赤被杀二亲大仇已报，另外，事业蒸蒸日上，建州五部大体上已划到自己的名下。地盘大了，人也多了，干活更有劲了。

但是，随之而来的问题也多了：手下的人来自各个地方，彼此之间的矛盾重重；自己地盘里总还有那么些不服气的人；家族里面还猫着敌人派来的卧底；四处打仗到头来连个根据地也没有建……

面对这些问题，努尔哈赤干了一件明朝看来没什么、女真部落看来了不得的大事：建城，称贝勒（仅次于汗），定制。

努尔哈赤在今辽宁新宾附近选了一块地方建了一座三层的佛阿拉城，不能叫城市，也就是一个城堡，还修建了宫殿和楼台。“佛”翻译过来是陈旧的意思，“阿拉”直译是“低矮的山岗”的意思，佛阿拉城就是旧城。

努尔哈赤封自己为女真淑勒贝勒（也就是女真大王），还定下了几条规矩，严厉禁止部下有作乱、盗窃、欺诈等行为。

这个原始的政权算是建立起来了。

但是为什么说努尔哈赤干了一件明朝看来没什么、女真部落看来了不得的大事呢？

因为啊，这件事如果放在内地根本就不值得专门拿出来说。

当时内地先进，远比沿海和东北地区要发达得多。努尔哈赤那点办法早在数千年以前就被农民起义用过了，连稍微有点规模的绿林好汉也都干过类似的事。

近的不提，专提远的。

两千多年前的周厉王就发布命令：山泽湖泊归国家所有，不准平民进入。

一千七百年前的刘邦进入关中发布命令：与父老约，法三章耳；杀人者死，伤人及盗抵罪。

但这里是东北，这里是女真，这里是早期的奴隶社会。所以努尔哈赤的行为具有破天荒的历史意义：这是女真历史上的第一次，那几条规矩就有着重要意义了。

但凡第一次总是很可贵的。日后要是有人讽刺努尔哈赤不过是个草莽的时候，努尔哈赤就可以理直气壮地说：谁说我们女真没地位？那是在黑暗的旧社会。

就这样，努尔哈赤从一个原始社会的部落领袖变成了建州女真最大的奴隶主。

那些沦为奴隶的人也许在心底里会说：还是原始社会好啊！

第四件事是后金五大臣的出阵。

努尔哈赤称贝勒以后，很多有眼光的人看出努尔哈赤是一棵好苗子，是一个值得投资的项目，于是不少部落相继投奔而来。

这几个部落的加入，为努尔哈赤的队伍注入了新鲜的血液，更为努尔哈赤带来了四个不可或缺的开国功臣。

后金五大功臣此时列队出阵：苏完部首领的儿子费英东、董鄂部首领的孙子何和理、雅尔古首领的儿子扈尔汉、瑚济城城主的儿子安费扬古以及折服于努尔哈赤人格的不问出处的少年英雄额亦都。

其中额亦都虽然没有什么名分，但如果把历史倒着看，那他的名分可大了去了：他是日后乾隆时期大名鼎鼎的和珅的祖宗。

努尔哈赤为了维系和重要臣子的关系，是花了血本的，除官爵和财物的赏赐外，还有赐婚认亲的激励手段。

如对待额亦都，努尔哈赤先后将族妹和女儿嫁给他。

对待何和理，努尔哈赤将自己的长女嫁给他。“格格”是姐姐的意思，是清朝王公贵胄女儿的专称。皇太极即位后，效仿明制，开始称皇帝的女儿为“公主”，其中“固伦公主”就是皇后女儿的称呼，妃子生的女儿称为“和硕公主”。努尔哈赤长女后被追封固伦公主。

对待扈尔汉，努尔哈赤把他收为养子。

当然不可能所有功臣的婚事都由努尔哈赤包办了，所以大多数功臣都是赏赐为主。努尔哈赤对五大功臣宠信有加，五大臣也竭力回报努尔哈赤，可以说五大功臣是牢牢夯实了后金的地基。

当努尔哈赤把建州归属于自己的旗下，并且筑城称雄以后，他已经有了更远大的目标，而此时，他“默契的敌人”李成梁突然卸任，使得这个目标更加接近了。

第五章　强大的对手只是烘托

得了便宜要卖乖

“木秀于林，风必摧之”。努尔哈赤知道，自己的壮大一定会引起明廷（包括李成梁）的猜疑，他也知道，明廷一向玩的就是打地鼠游戏——谁出头就打谁。

努尔哈赤明白，自己的当务之急是消除明廷的猜疑。现在的他，不说对抗明廷，就是李成梁杀过来，他也顶不住。更何况还有海西女真四个大部落和蒙古各部一直虎视眈眈。

所以努尔哈赤一直保持着对明朝低下的姿态，仍以明朝的臣子自居，主动与明朝扶持的海西王台的孙子联姻，并帮助其恢复在海西的地位，隔三岔五地跑到抚顺关，送还被掠夺的人口。

不过如果仅仅是做这些的话，那还是疗程太长、奏效太慢，所以必须找个直接有效的法子。

相关电影往往有这样的情节：一个人想进暴力组织，首先要做的就是杀掉一个或几个该组织一直想干掉的对手，而这个对手最好还是自己身边的朋友之类的角色，这样才能以最快的速度获得信任。

努尔哈赤所采取的就是这样一个法子。

万历十七年（1589 年），住在扎木河部落的女真部落首领克五十，屡次侵犯柴河堡（今辽宁铁岭境内），大肆射杀官兵，并且杀死了指挥官刘斧。克五十知道闯祸了，害怕明军追捕，就逃到了建州寻求保护。他前脚踏进建州卫，通缉令后脚就跟来了。努尔哈赤二话不说，立马斩了克五十，到边关报告，并且派遣部下，到明廷进贡，表示忠顺，希望能够得到奖赏。

明朝得到克五十死亡的消息很高兴，再加上努尔哈赤的使臣出色的口才，明廷官员深信：就是给努尔哈赤一百个胆，努尔哈赤也不会造反。这么优秀的人才，不养着怎么行？

于是努尔哈赤从都指挥使晋升到了都督佥事。明廷边将也对努尔哈赤赞不绝口，说他忠顺朝廷，颇有海西王台之风。有了明廷这么一个强大的主子，顶着这么一顶高高的官帽，努尔哈赤大肆炫耀于女真各部，在建州乃至东北都有了广泛的影响。

明人评论此事：“既窃名号，夸耀东夷，则势愈强……遂雄长诸夷矣。”

明人对待努尔哈赤是怀着朝廷的心态，用鄙夷的眼色看的，也算是一种精神胜利法。后来努尔哈赤的后人入关，也感染上了这种病，用这样的心态、这样的眼色看资本主义列强。不过这不叫精神胜利法，只是“两眼一抹黑”。

此时的努尔哈赤风光了，虽然化敌为主人，少了明廷这么一个强大的威胁，但是旁边那些蠢蠢欲动的势力更加坐不住了。

话不投机的四方会谈

看着努尔哈赤跟着大明集团吃香的、喝辣的，海西女真非常不爽。不爽的主要有四个部落：乌拉、哈达、叶赫和辉发。

不爽也就是心里不爽，嘴上骂几句，还没有什么实质性的举动。不过叶赫部坐不住了。

说到叶赫部，有段往事值得一提。在努尔哈赤凭十三副装甲起兵后不久，有一次经过叶赫部，叶赫部的首领仰加奴认为努尔哈赤年轻有为，对他颇有好感，就把小女儿孟古哲哲许给了努尔哈赤，并于万历十六年（1588年）九月完婚。孟古哲哲就是后来清太宗皇太极的生母。

这段时间建州和叶赫的关系还算不错，但关系不错只是因为双方都没有能力干掉对方。

后来努尔哈赤逐渐强大，叶赫开始担心。叶赫这个有着统一整个女真野心的部落曾一度拥有这个实力，在1583年和1588年李成梁两次打压后，势力大衰，如今虽能称霸一方，却再也没有实力放眼整个女真了。

现在流行一句话：“当你的才华还撑不起你的野心时，你就该静下心来学习。”叶赫选择的是，既然实力撑不起野心，那就让实力在自己之上的人滚远一点。

叶赫派出两个使臣来到佛阿拉城，对努尔哈赤提出要求：乌拉、哈达、叶赫、辉发、建州，都是一体，哪有五主分治的道理？你的部下人多，我的部下人少，你把额勒敏、扎库木两个地方选一个给我们吧。

努尔哈赤听后大怒，当场拒绝，狠狠地训斥了两个使臣，把他们扫地出门。现在的努尔哈赤不再是当年那个在诺米纳面前忍气吞声的努尔哈赤了。

叶赫被拒绝后当然也很气愤。一个部落的力量不够，那就多纠集几个，以多压少，看你怎么办。于是，叶赫联合了海西其他两部哈达、辉发，派出四个使臣，共同对努尔哈赤施加压力。

这次会面的地点还是在佛阿拉城，努尔哈赤热情款待。

席间叶赫部的使臣再次提到上次的要求，并带来了叶赫首领的回话：我主上说，不久以前，我部向你索地你不给，令你归顺你不从，两家若是成了仇敌，只有我们的兵进入你的地界，谅你们的兵未必敢踏上我们的领地。

可能是努尔哈赤实在是被威胁烦了，也可能是努尔哈赤原本的暴躁脾气这些年来憋屈够了，这次终于可以无所顾忌了。

使臣话音未落，努尔哈赤忽一闪身，“唰”地抽出了大刀，只见寒光一闪，“咔嚓”一声，眼前的桌子被劈成了两半。

霎时，众人目瞪口呆。努尔哈赤斥责道：你的主子兄弟二人，什么时候曾经亲自统兵与强敌面对面地厮杀过，像真正男人那样战斗过？过去哈达内部动乱，就像小孩子打架一样幼稚，你们的主人乘乱图利，难道以为我和他们那样容易对付吗？你们部落的周围难道有围墙来阻挡我的兵马吗？我白天不能去，夜间也能去，你的主人能把我怎么样？你的主子只知道口出大话，那无济于事。岂不知过去我父亲、祖父被官军误杀了，朝廷给我敕书三十道、马三十匹，还送回灵柩，授我都督敕书，又封作都督佥事，给年例赏银八百两，赏给蟒缎十五匹。你主人的父亲也被官军杀了，至今尸骨又在哪里？

努尔哈赤雷霆万钧地训斥了一通，四个使臣面无血色，呆呆听着，不敢答话。

送走使臣后，努尔哈赤又写了一封信，命手下送到叶赫部，并吩咐道：

你到叶赫部，当着叶赫首领的面读这封信，如果害怕不敢念的话，你就别回来了！

这下双方彻底谈崩了，怒火点燃了战火。所以说，“史载的大罪孽，都由个人的轻率而导致”，不得不是如此。不过这次的战斗，未必对每个人来说都是罪孽。

就在这个时候，伴随努尔哈赤前半生的李成梁又有动静了，不过这次他不再是一个强者的身份，而是一个普通长者的身份。

万历十九年（1591 年），叶赫部杀死了王台的孙子。同年，李成梁在一次出击凯旋的途中突遭敌军，防备不及，损失惨重，明廷官员以此为借口弹劾李成梁。对于李成梁这样远在塞外的武将，最害怕的就是朝廷丧失对他的信任，于是，李成梁主动请辞。这个时候的李成梁已经六十五岁了。

李成梁辞职以后，继任者再也没能达到他控制东北局势的水平，于是，海西女真变得躁动不安。

一个更大规模的军事行动开始在海西女真内部酝酿，行动的对象就是正在崛起的努尔哈赤。

从此我一家独大

在三百多年后的 1900 年，八国联军攻入北京，那位清朝的末代掌权者慈禧带着光绪灰溜溜地逃窜到西安，战争中的损失和战后签订的《辛丑条约》几乎耗尽了中国的财富，把清朝推向了命运的黄昏。

而在三百多年前的 1593 年，以叶赫部为首的九部联军围攻努尔哈赤，这位清朝的奠基者却迎难而上，大败其军，一举树立了在女真各部的领导地位。

原本，这相隔三百多年的两件事，除了敌军的数量大致相等外似乎也看不出有什么联系。但命运就是有这么多的巧合，当年领着九部联军攻打努尔哈赤的叶赫部就是叶赫那拉氏家族，而日后被八国联军撵着跑的慈禧太后也是叶赫那拉氏。

当初努尔哈赤打败叶赫那拉氏奠定了清朝，后来叶赫那拉氏败于外敌毁灭了清朝。

历史，就是这样有趣。

儿孙自有儿孙福，努尔哈赤没有能力预见三百多年以后的事情，要不然，他就会在死的时候下一道命令：爱新觉罗子孙有娶叶赫那拉氏为妻者，死后不得入宗庙。

前奏：小规模的四部联袭

万历二十一年（1593 年），建州与九部之间的战争爆发了。战争的序幕发生在六月的一天，名为四部联军之袭。

那一天，叶赫部首领那林孛罗联合海西其他三部，突袭了建州的湖卜察寨。努尔哈赤闻讯，率兵前去追击，一直追到哈达部的地盘上，攻破了哈达部的富尔佳寨。

当努尔哈赤回兵时，哈达兵随后追来。猛骨孛罗（哈达首领）见努尔哈赤独自殿后，便猛追过来。努尔哈赤回身一箭，射中了猛骨孛罗的战马，猛骨孛罗滚下战马。家仆连忙把主人扶上自己的战马，仓皇逃去。

这一战，建州以十五人杀敌十二人，得到盔甲六副，战马十八匹，胜利而归。

大家可能会想，就这几十个人的战斗，也算是战争？不过是一群小混混打群架罢了。

话虽如此，不过与《孙子兵法》齐名的西方著名军事著作《战争论》就说：战争就是两个人搏斗的扩大版。

当时的女真部落林立，又加上常年混战，人口自然不多，能够仓促间组织起几十个人来，也算不容易了。

而且，这里还有值得注意的一个细节：当时的女真没有常备军，大家都是农民，只有大规模的战斗时，才会全民上战场。可是类似于海西四部这样的突然偷袭，努尔哈赤想要在短时间内反击，就需要一支长期脱产的快速反应部队。可是他不能让手下的农民不干活吧，不干活大家吃什么？所以他只能够组织十几个人，估计也就是自己的亲兵。

女真内部这样打没关系，大家都是几十个人。可当努尔哈赤把目标放到明廷身上时，就会发现，明朝的军队是常备军，可以随时打过来，而且一来就是成千上万的人马。你几十个人怎么打？

正是鉴于军事行动的不便，落后的动员体制根本跟不上节奏，努尔哈赤

日后才建立起了八旗制度。

而这时，努尔哈赤面临的第一场大规模战争正在一步步靠近……

序曲：暴风雨前的平静

海西四部偷袭建州行动失败后，更为恼火，于是纷纷寻找新的联盟，在这年的九月网罗起一个所谓的九部联盟。

这九个部落包括叶赫部、乌拉部、辉发部、珠舍里部、讷殷部、锡伯部、卦勒察部和科尔沁部等，兵分三路浩浩荡荡地朝建州进军。

据密探回报，这次联军足足有三万人。见过大场面的人对这三万人也许会嗤之以鼻，心想这也算大部队？是啊，如果把这数字放在明朝，那确实算不了什么。但这是在女真，如果换算成明朝的人口，足足六十万有余。

不过那个时候没有电报电话等通信工具，所以密探回报也是以跑路的方式。再快点，也就是把人跑换成马跑。所以当密探回报上面这个消息的时候，已经是半夜了。所幸九部联军是光明正大浩浩荡荡地来的，还是很仗义地给对手留了点时间做思想准备。

努尔哈赤毕竟是经历过大场面的人，只下了一个命令：不准惊扰百姓，天亮后军队开拔。

部将打打杀杀惯了，就算正在上着厕所，听到敌人来了，也照样能扛着大刀冲出去。但普通百姓就不一样了，他们的小心脏经不起吓，一吓就跑。这是他们能选择的最靠谱的事了。这一跑就跑出个乱。所以遇到麻烦，首先要做的就是封锁消息：自己吓着了，但绝对不能让百姓也吓着。下完命令，努尔哈赤像没事人一样倒在床上呼呼大睡起来。

拂晓在即，敌军压境，部将人心惶惶。努尔哈赤妃子富察氏也终于等不住了，她进了努尔哈赤卧室，推醒了他，说道：九部联军打来了，你不去迎战，反倒在这儿呼呼大睡。你是没主意了，还是害怕了？

努尔哈赤哈哈大笑，回应：人如果心里害怕，即使躺下，也睡不着。你看我，睡得这么香，像是害怕吗？先前我不知道敌人什么时候来，所以不能安睡，现在既然知道了，我就安心了，为什么不先好好睡一觉呢？我南征北战，统一疆土，做的都是顺应时势的事。他们九部联军，不过是乌合之众，来残害本没有过错的人，老天爷是不会帮着他们的。说完继续睡下。

第二天，努尔哈赤召集将士，开坛祭拜天地，同时进行了一番充分的思想工作，并详细分析了敌军和自己的情况。己之所长：立险扼要，以逸待劳；彼之所短：长途奔波，乌合之众。

然后，进行相应的战略部署。据险布阵，集中兵力，攻其统帅。将大部队安插在九部联军必经的古勒山上，在险要地段设置滚木礌石。另外，他要求将士摘掉护颈、护腕等妨碍灵活作战的装备，赤膊上场，听凭天命。

将士衔枚，战马勒口，古勒山下即将迎来一场血战。

终章：决战古勒山下

九部联军进入建州女真部所在后，包围了扎喀寨，久攻不下。他们打得不耐烦了，转而攻打黑济格城，顺便在城外安营扎寨，不过黑济格城同样久攻不下。

同时努尔哈赤命令部将额亦都率百来个骑兵前去挑战，叶赫部首领卜寨率兵上来交手。打了几个回合，额亦都掉头佯装败阵逃跑。

联军一瞧这阵势，都忙着赶去抢头功，大部队像一条长蛇一样挺进，紧跟在额亦都等人之后，不知不觉就渡过了浑河，追到了古勒山下。额亦都突然一招回马枪，连杀九人，转而逃往山上，联军分散包围住了古勒山。

当叶赫部首领卜寨带头冲杀时，努尔哈赤命令放下滚木礌石。一时间木石俱下，敌军避之不及，死伤无数，卜寨因被额亦都挑战激怒，两眼发红，策马挥刀，一个劲地往前冲，被滚木撞倒在地，额亦都的部将吴谈以迅雷不及掩耳之势猛扑过去，一刀砍死。

叶赫部另一位首领那林孛罗见兄长被杀，惊吓痛哭，昏倒在地。叶赫兵见首领中一个被杀，一个昏倒，顿时丧失了斗志，一边哀哭，一边扶起那林孛罗上马，仓皇奔逃。

其他各部首领看见这种情况后也心胆俱丧，无心再战，纷纷策马逃离战场。

眼见叶赫部首领卜寨被杀，九部联军溃散，努尔哈赤命令吹响号角。刹那间，伏兵四起，古勒山上的铁骑，像雪崩，像山洪，直冲下来；建州军如野兽，如猛虎，直向联军扑来。一时间，骑涛呼啸，鬼哭狼嚎，刀光剑影，人仰马翻，血流如洪，兵马填江。

侥幸逃走的全部挤在古勒山与浑河之间狭窄的小路上，人多反坏事，联军被踩死、被挤落水溺死的比被杀死的还多。

这场惊心动魄的大战，就是著名的古勒山之战。

在这场战役中，努尔哈赤军斩杀叶赫部首领卜寨及联军四千余人，俘虏乌拉部首领的弟弟布占泰，缴获战马三千匹、铠甲千副。

这一仗彻底奠定了努尔哈赤在建州以及整个女真的地位，努尔哈赤从此威名大振，远近慑服。

古勒山之战，也成了女真各部统一战争史的转折点。它打破九部军事联盟，改变建州女真和海西女真的力量对比，成为扈伦四部灭亡的决定点。

制度要不断进步：牛录的诞生

战争过后就是建设。双方都没有原地满血复活的绝招，所以都只能在元气大伤之后躺在家里医治创伤。

击败九部联军固然是一场意义重大的胜利，但是有野心的人绝不甘于已经拥有的，而是时刻关注着还未到手的那部分。

在这一场大胜之后，努尔哈赤没有像大多数统帅一样大肆封官割地、赏财发物。他清楚地知道外界的形势和自己的目标——他已把眼光放在了海西女真和野人女真的身上。你们能打过来，我就能打过去。

但是对付海西女真不是努尔哈赤未来的唯一工作，因为他发现，自己的部队就是一个矛盾重重的综合体，以这样一个矛盾的综合体去吞并更多的部落，危机四伏，而且即使打赢了，也只是增添更多的矛盾。所以他的当务之急是找到问题，解决矛盾。

而叶赫部虽然在这次九部联军的战斗里损失惨重，但它长期雄踞海西，体力恢复只是时间的问题。所以要想统一女真，努尔哈赤还欠缺很多，主动进攻可不是以逸待劳，它需要更强大的实力。

发现问题，才能解决问题。眼下最为迫切的两个问题，一个是民政，一个是军政。

问题之一：这些年来地盘扩大很快，很多小部落被兼并。虽然自己在佛阿拉城称王了，但也只不过是当时的一个权宜之计，好让部下安心地跟着自己混；当时发布的一些规定都是匆忙之间下达的，执行起来大多是一句空话。所以到现在也没有一个正式的政权去管束手下的那些部落。他们想来就来，想走就走，不仅不利于生产，而且对社会的安定还有负面影响。

问题之二：归顺后的部落军队，统领权依然在原来的部落首领手中，命令由这些首领下达。这就容易出现尾大不掉、军队难以指挥的问题。在这个问题上，努尔哈赤有刻骨铭心的教训。万历十三年（1585 年），努尔哈赤率领八十人，遭遇巴尔达等五个城主率领的八百人，形势相当危险，而族兄弟扎亲、桑古哩却解甲避战，其他七十多人也观望不前，努尔哈赤无计可施，只能凭四人之力冲锋陷阵，才大难不死。

这两个问题，是努尔哈赤坚持两手抓且两手都要硬的问题，因为在战争年代，民政和军政不分家，民政是军政的大后方。

实践决定认识，物质决定意识。努尔哈赤所学文化不多，常年的打打杀杀的生涯决定了他只能从身边的实例中寻求解决办法。

女真原有的社会组织是族和寨的两种形式。“族”满语为“穆昆”，是按血缘关系由亲族本姓组成的群体。“寨”满语称“嘎山”，是按地缘关系组成的社会群体。

女真原始狩猎时，不论人数多少都以族寨而行。为了便于管束，每次打猎时，十人为一组，各出箭一支，其中一人为首领，九个人跟着。这就是牛录（即“大箭”的意思）制度，首领称作牛录额真（即“首领”之意）。当年投降努尔哈赤的鄂尔果尼就获得了一个额真的职位。由于居住部落大小不等，人数众寡不一，加上随时有他处部落或个人归附，每个牛录的人数也不尽相同，少则是五六人，多则三四十人。

努尔哈赤以女真传统的牛录组织为蓝本，进行适当改造，变成了适应当时战场需要的一种全新的组织形式：一个军民合一的奴隶制集权政体。

到万历二十三年（1595 年），努尔哈赤统兵已经上万。他把部落的人按照牛录的办法统一规划，按所使用的武器和技能分为四种：环刀军、铁锤军、串赤军、能射军。每军配有旗帜，旗色很杂，大体以青、黄、白、黑、红为主，旗上的图案也杂，或画龙，或画马，或画一些认不出的动物。不过旗帜的规格统一：宽二幅，长二尺。这就是后来八旗制的前身。

军事将领由在城中的各部首领充任，以一年为限期，任期满了就更换。守城的兵士由各个部落临时调用，以十天为限期，期满了就换班。有啥情况了还是老办法，传箭为令，所以拿根鸡毛当令箭在这会儿还是行得通的。每个兵卒自备军粮、武器，到指定的地点集中。部落里的男子一个个都上得了战场，下得了田地。平日是农民，战时是士兵。

历史上，有很多“兵民合一”的政策都和牛录类似。三国曹操就干过“士兵屯田”的事，金朝（不是努尔哈赤创立的后金）的“猛安谋克制”简直就是“牛录”的原始文件。一般情况下，采用这种办法都是没有办法的办法，它之所以存在都是因为外部环境的恶劣导致的。

外部环境有自然环境和社会环境。女真最初采用牛录是自然原因，不这样把大家组织起来打猎，大家就会饿死。努尔哈赤采用牛录是社会原因，战争太多，经济太落后。如果养一批职业军人，那没人下地生产，就有可能会饿死；如果不备常设军队，那敌人突袭，就有可能被砍死。另外以他的见识也不可能想出新方法来。所以发扬发扬传统，把现有的改善改善就是好的。大家只好全部当农民，也全部当士兵。当农民锻炼了身体，刚好打仗派得上用场。

努尔哈赤切身地体会到，此时手下的部将就像提线木偶，完全听从自己的调遣。他可以随时动员全部的人口，也可以清楚地知道自己的进账和支出，准确地掌握自己手头到底有多少头牛、多少匹马以及多少个部落。更令他得意的是，他的这种部门领导负责制使手下那些原本自私的部落首领不敢不听从指挥。

从此，建州军赏罚分明，战斗力日益增强，这一切为努尔哈赤进军东海女真与海西女真，做好了军事准备。

远交近攻的公关政策

努尔哈赤一方面努力地使松散的建州凝聚成一个完整的集体，另一方面他也没有忘记自己的目标和对手。

明廷是最大的威胁，但其内部问题很多，只要给点东西，说些好话，基本的和平能够保证。

蒙古各部和乌拉部离自己比较远，如果其不和叶赫部联合，也是可以拉拢的，最好的办法就是联姻。

剩下的就是叶赫部，这个自己短时期内最大的敌人，一定要想办法消灭。努尔哈赤对诸部将说：砍倒一棵大树，不可能一下子就砍倒，必须用斧头慢慢地削它的根部，等到大树根变细了，就能一下子砍断了，我们应该像砍树一样消灭对手。

于是，远交与近攻的雏形就这样诞生了：安抚明廷，联合乌拉部和蒙古各部，进攻叶赫部及其追随者。

半生俯首明政府

在努尔哈赤打败九部联军之后，他迫切地想要知道明廷的态度。他知道，即使明廷像流言说的那样腐败，或者还要更腐败一些，他也无力抗衡。瘦死的骆驼比马大，这个道理他懂。明廷要是放弃了对自己的支持，自己就结束了。

此外，他还存在一丝念头想了解明朝的内部究竟是什么状态，大胜带来的野心让他开始对明朝的江山有了一点点的憧憬。

努尔哈赤竭力表示忠于明朝皇帝，甘愿当明朝的臣子，永远不会反叛。不只嘴上说，手上他也做。

第一，不抢劫、不偷盗明朝的财产；

第二，以前抢过来的人都送回明朝；

第三，申请出军队帮明朝打日本人；

第四，搞好和明朝军官的关系。

一个小小的明朝游击将军，他尊称为“游府老爷”。

对于李成梁，他更是百般迎合，屡送厚礼，甚至把弟弟舒尔哈齐的女儿嫁给李成梁的儿子李如柏为妾。当时人称努尔哈赤就像李成梁的儿子一样（有心的人会在此处心里打起一个惊叹号，努尔哈赤与李成梁天衣无缝的唱和绝非空穴来风）。

闻名不如见面，为了更靠谱地了解明廷的心态，他决定入京朝贡，顺便一探究竟。

当时入京可不像我们现在一张车票就可以去了，他作为一个女真各部的首领，是不能随意进京的。

其实努尔哈赤早在万历十五年（1587 年）就进过一次京城。那个时候他刚杀了克五十，立下了功劳，所以很放心。

但这一次进京，对于努尔哈赤来说是一个危险的行为，因为他在东北的

动静闹得太大了。

不过，风险越大，回报也越大。如果能够让明政府放心，如果能够再得到一些封赏，那么，自己日后在东北的日子就会更加舒服，相比起巨大的受益，努尔哈赤决定赌一把。

这一把，努尔哈赤赌赢了。此次进京非常顺利，而且不仅这一次顺利，之后的连续三次入京，都没有出任何问题（他于万历十八年至二十六年期间五次入京朝贡）。不仅没有出问题，他还得到了高额的回报。

努尔哈赤先前已经受封都督，这次进京，是为了图一个更高的“龙虎将军”的封号。

龙虎将军，是明朝武官的正二品散阶。

散阶是指没有具体工作的官员级别。宋朝以后，不管是考试还是花钱进入官场的人太多了，可是政府的职位就那么多，好多人就没有事情做。

朝廷不能让这些人的时间和银子打水漂啊，所以想出来这么一个办法，你有当官的级别，但是你没有具体的工作。你俸禄照拿，可是你不用上班。比如“户部员外郎”，表示你是户部的一个官，其实都是一个称号而已，表示自己是朝廷的人了。

在此之前，只有势力曾经庞大到控制建州和海西的王台到了这个级别。

这次进京前一年努尔哈赤就上了申请书，“乞讨金顶大帽服色及龙虎将军职衔”，可那个时候他还只是众多配角中的一个，没有强大到得到朝廷的首肯。

这一次，努尔哈赤算是脱颖而出了，一夜之间成了女真家喻户晓的超级大明星，万历的御用“报纸杂志”上全是边关上奏的关于努尔哈赤的报道。于是这次进京，当他再次提出那个请求时，万历二话不说，就给拟了一道诏书。

用实力说话！追星有什么意思？即使他的每场演唱会你都会去看，即使他的每张专辑你都会去买，即使他的签名你千方百计地拿到了手，即使……他会微笑地听你讲话吗？他会给你他家的钥匙吗？他会坐下来和你谈一会儿话吗？……为什么两个八竿子打不着的人可以坐在一起谈笑风生？为什么长年在大厂工作的员工和董事长说的话几乎还没几个外国球星跟他说的话多？为什么名不见经传的小子能站在商业大佬边上，还能和“股神”一起吃饭打牌？用实力说话——两个站在各自事业顶峰的巨人华山论剑。此时努尔哈赤和万历就是这样两个巨人。

万历二十三年（1595 年），努尔哈赤正式被授予“龙虎将军”的职衔，成为女真各部中官阶最高、职衔最显的大酋长。

他升迁的理由是“保塞安民”。的确，他是保塞安民了，不过他保的是未来清朝的国土，安的是未来清朝的顺民。

朝鲜干戈化玉帛

朝鲜一直是把对准努尔哈赤的匕首。所以他得时刻谨慎，刻意保持与朝鲜的友好关系。

谨慎归谨慎，可这关系偏偏还是坏了。

万历二十三年（1595 年），朝鲜和建州之间发生了“渭源事件”。这本来是双方之间的纠纷，可是朝鲜派军队过江偷袭了建州。努尔哈赤虽然希望和朝鲜保持良好关系，但也不会因此畏首畏尾，他积极调兵遣将，准备对朝鲜实施报复。

朝鲜是明朝的地盘，于是明朝留驻朝鲜王国的练兵游击将军发文件给建州，要求努尔哈赤不要与朝鲜王国为敌，不要将事态扩大。

努尔哈赤也只是做做样子而已，毕竟手底下那么多兄弟，看着别人都欺负到自己头上了，自己无动于衷，那像话吗？借着游击将军的这个台阶，他写了回信，表示自己遵守明朝国法，保卫边境安宁。

明政府好面子，它给了努尔哈赤好处以后，想派官员过去溜达一番，以显示“皇恩浩荡”。

在升了努尔哈赤官职的第二年，明朝派官员来了。1596 年 2 月，明朝派官员余希元与朝鲜官员两名，率领随从两百人，出使建州。

帮人帮到底，送佛送到西。

这句话如果用来比喻努尔哈赤对于明朝使臣的逢迎，再合适不过了。

如果努尔哈赤写日记，他一定这样写：

初二：天气晴朗，有一个部落投降，明朝使臣过鸭绿江。

初五：派康古里前去慰问。令张海、何和理，统领骑兵三百，侍卫保护。

初六：派骑兵六千人前去迎接。

初七：今天是个大日子。我与弟弟率骑兵三千于佛阿拉城外三十里摆下宴席迎接。城外二十五里处我派骑兵五千人在道路两旁迎接。城外十五里，我派步兵一万人列队欢迎。

当晚设宴招待明朝和朝鲜的使臣。我对使臣说：我为明朝守卫边疆，朝鲜人被日本人打过来，我不仅给他们好吃好喝，还送他们回去，好人做得够彻底了，可是朝鲜却偷袭我。如果不是朝廷劝说，我早就打过去了。

初八：我这辈子从来没有这么恶心过，我需要对一个没上过战场的人如此低三下四。我今天又请使臣吃饭，又说我对朝廷一片忠心。我和皇帝的关系很好，皇帝很信任我，还给了我很多赏赐。

初十：天哪，这帮家伙终于走了。好在，不用和朝鲜人打仗了。

努尔哈赤的感觉就好像招待一个上级下派的调研小组，不能得罪，还要给人好吃好喝的。人家上面有人，不是努尔哈赤能得罪的。不过，由于努尔哈赤的努力，建州和朝鲜的关系得到了缓解。

拉拢蒙古各部与乌拉部

解除了明朝以及朝鲜的威胁之后，就剩下蒙古各部和乌拉部了。

蒙古各部野战能力不逊色于建州，不然也不会和庞大的明朝打了这么多年还不落下风。

努尔哈赤坚信：千万不要和比你牛的对手比谁更牛。

因此，努尔哈赤特别重视争取蒙古各部。

在击败九部联军的战争中建州俘获了不少蒙古各部士兵，努尔哈赤让这些蒙古士兵身穿锦衣，骑上骏马，放回家去。这些士兵深受感动，回去以后，对努尔哈赤赞不绝口。

其实，努尔哈赤不放人又能怎么样？养着这些人？他干脆来个顺水人情，把他们放了，既讨好了蒙古各部，又节省了粮食，一箭双雕。

这种场合没有感情可讲，谁要是讲感情，称兄道弟，谁就会死得很惨，只有利益才是必须考虑的。

科尔沁等蒙古部落不会因为你放回了几个俘虏就和你友好，他们是为了做生意。蒙古各部和明廷打仗，物资紧缺，而建州得到朝廷的奖赏，正是有钱有东西的时候。

于是，科尔沁首领鄂巴派了一个数百人的团队，携带战马百匹、骆驼十匹，献给努尔哈赤。从此，蒙古科尔沁部开始与建州互相交往。

不仅在这个时候努尔哈赤维持与蒙古各部的和平关系，而且等到他建立后金以后，依旧和蒙古各部保持着不错的关系，后来的八旗里面就有蒙古八旗，那是蒙古各部组成的军队，他们帮助努尔哈赤上战场，关系可见不浅。

在历史上赫赫有名的皇太极的妃子、顺治的母亲、康熙的祖母，被称作孝庄皇后的庄妃就是来自蒙古科尔沁部。清代每任皇帝的后宫都有来自蒙古各部的女人。

乌拉部距离建州较远，位于松花江上游。在九部联军打败仗的那次，乌拉部首领的弟弟布占泰成了俘虏，努尔哈赤将这个布占泰好吃好喝地供着，但就是不放人。乌拉部也没有办法。

三年之后，乌拉部出了变故，据说其首领和儿子因在野外袭击两个妇人，被妇人的丈夫给杀了。

这个首领和他的儿子的确是死了，可是死因难道真是因为两个妇人？是那两个妇人长得实在倾国倾城？身为一个首领需要这样做吗？随身卫队是养着干吗的？

不过不管他们是不是因为两个妇人被杀，总之乌拉部内部出了乱子，首领被杀了。

努尔哈赤在这个节骨眼上及时地送还了布占泰，并帮他夺得了乌拉部首领的位子。

吃水不忘挖井人，当了首领的布占泰对努尔哈赤万分感激。不仅不打，还要搞好关系。

怎么搞好关系？还是那一招：联姻。努尔哈赤把弟弟的女儿嫁给布占泰，还给了他一堆盔甲和十道敕书。而布占泰就把妹妹嫁给努尔哈赤的弟弟舒尔哈齐。这关系算是确立了。确立了之后还要巩固，之后几年里布占泰多次向努尔哈赤提出婚配要求，努尔哈赤也多次允诺。前前后后，努尔哈赤接连许嫁三女给布占泰，其中包括努尔哈赤的亲生女儿。

不过关系建立了，巩固了，为的就是日后来打破。

第六章　流产的美人计

打累了就坐下歇歇

人生就是一场赌局。对于努尔哈赤来说，他一开始的赌资是自己的性命，年少轻狂，砍头不过头点地，十八年后又是一条好汉。

而当他凭借一条命赢回来一大笔家产的时候，他就不再把宝贵的性命押在赌桌上了。

一言不合，拔刀相向已经不再适合努尔哈赤了。

随着九部联军战争的结束，建州和海西各部之间呈现出和平的气象。不是大伙都希望和平，而是各方战后元气大伤，都没有能力搞垮对方。

万历二十五年（1597 年），叶赫、乌拉、哈达、辉发四部派遣使者戴着笑脸面具来到了建州，向努尔哈赤赔礼道歉，表示今后愿意结亲和好。

新任的叶赫首领布扬古承诺将妹妹许配给努尔哈赤为妃，金台什也说把女儿许配给努尔哈赤的二儿子代善为妻，努尔哈赤也积极地备送婚礼，把鞍马、甲胄等作为聘礼送往叶赫，杀牛设宴，与四部会盟。

努尔哈赤为什么会这么积极主动地做这些？主要基于以下几点原因：

第一，战后实力空虚，既然没有能力打倒对方，还不如卖个顺水人情。

第二，这件婚事极大地满足了努尔哈赤的自尊和虚荣，因为它表明海西女真以叶赫部为首的扈伦四部承认了努尔哈赤称雄女真的地位。

第三，布扬古的妹妹，是艳惊天下的叶赫美女，他将此女许配给努尔哈赤。

女真各部结盟的时候，都会杀白马和乌牛，对天发誓。其中白马祭天，乌牛祭地。这次会盟也是如此。

叶赫等四部先后发誓：从今以后，若不结亲和好，将像这杀牲的血一样地被蹂躏，将像这被刮的骨一样地死去。假如永远和好，可以永远享用此肉，享饮此血，福寿永昌。

努尔哈赤也发了同样的盟誓，并对各部说：如果你们都遵守盟誓，我自然无话可说，若是违背盟言，三年以后，我必亲统大兵讨伐。

努尔哈赤的这句话并没有把自己包括进去，仿佛他根本不会背叛誓言。

每个部落都清楚，这一次的结盟，就是他们最后一次坐在一起。下一次见面只能在地狱。而努尔哈赤的三年也不过是一句空话。想打你，随时都会过来。

战争是为了和平，而和平也是为了酝酿新的战争。

红颜祸水，三声哀叹

古有二桃杀三士，时有一女夷三部。这个“女”就是叶赫首领布扬古的妹妹东哥，这“三部”是哈达、辉发和乌拉。

在前面虚伪的结盟会谈中，布扬古将自己的妹妹东哥嫁给了努尔哈赤。这个叫作东哥的少女美艳不可方物。努尔哈赤作为男人，自然不会拒绝。

但是努尔哈赤万万没有想到，他居然被拒绝了。东哥表示，她不可能嫁给自己的杀父仇人，而且还表态，谁杀死了努尔哈赤，她就嫁给谁。

如果这的确是东哥自己的想法，我们不得不说，这个少女的独立坚强的性格真的让人赞赏。但是，这个所谓的婚约从一开始就是真心的吗？

未必，这个所谓的婚约从一开始可能就是一个阴谋，一个叶赫部利用美人计来打垮建州和其他女真部落的阴谋。

事实上，在努尔哈赤之前，东哥已两许于人。

万历十九年（1591 年），扈伦四部之一哈达部首领歹商慕东哥艳名，向叶赫提亲。东哥的父亲卜寨和她的叔叔那林孛罗应允了这桩婚事，让歹商前来迎娶。歹商没有料到这是一场骗局，在迎亲途中被叶赫伏兵乱箭射死。叶赫部从此稳坐扈伦四部的头把交椅。

万历二十一年（1593 年）古勒山之战前，扈伦四部会盟与努尔哈赤抗衡。其间，扈伦四部之一乌拉部首领满泰为弟弟布占泰向叶赫提亲聘娶东

哥。卜寨为巩固四部联盟，允诺了这门婚事。

因为布占泰在古勒山一战中被俘并软禁在建州达三年，所以没来得及迎娶东哥，东哥就被她哥哥布扬古许配给了努尔哈赤。

但就在东哥表态不嫁给努尔哈赤之后，布扬古立即当众毁约，并向海西各部征婚，条件是杀死努尔哈赤。

吞并哈达部

对于很多男人来说，杀死努尔哈赤绝对是一件极具诱惑力的事情，但努尔哈赤岂是随随便便就能杀死的？在东哥发布追杀令一年后，努尔哈赤仍然安然无恙。

别说不给你们机会，努尔哈赤可不是就躲在深宫不出门，这一年里，他还运着一大堆贡品招摇过市去了一趟北京城。

去北京之前，因为乌拉布占泰强占东海女真部的安褚拉库路和内河路，并准备把它们献给叶赫。努尔哈赤当然不答应，立马派兵攻占了这两地。

这是在女真内部短暂的停火之后的第一场战争，也可以看作努尔哈赤统一女真各部的开始。

打仗需要借口，要想对海西开刀需要借口。不过天遂人愿，没等努尔哈赤找到借口，哈达就捧着借口来敲门了。

万历二十七年（1599 年）五月，金台什统兵进攻哈达部，大肆焚掠村寨。猛骨孛罗没有足够的力量抵抗，就把三个儿子作为人质，送到努尔哈赤那儿，请求出兵。

哈达部对于建州和叶赫来说都具有关键意义，努尔哈赤的部众越来越多，土地瘠薄，粮料不足。如果占有哈达部的沃壤，诚如猛虎添翼。

另外，哈达部处于建州出入咽喉地带，如果吞并哈达部，可以将建州的领域向外推进两百里，直逼叶赫部的边境；反之，建州将面临叶赫部带来的门户之患。

努尔哈赤与猛骨孛罗之间也积有宿怨。当初，努尔哈赤想通过猛骨孛罗与乌拉布占泰叔侄建立关系，引诱指黑龙江流域的女真人将貂、参等产物南运抚顺，卡住叶赫部的贸易通道，实行贸易垄断，但猛骨孛罗拒绝了。

如今，猛骨孛罗亲自送三个儿子作为人质，正合努尔哈赤的意。于是，努尔哈赤满口答应，立刻派将统兵两千前去援助。

叶赫部得知后，十分惊恐，马上写去一纸书信，说：你如果带回遣送去建州做人质的儿子，杀了建州派来的兵卒，我就把东哥嫁给你，两部重归于好。

东哥一抛出，是男人就发晕。猛骨孛罗果真拍板同意了叶赫的建议，还派出两名使者，而且这两名使者还是猛骨孛罗的妻子，约叶赫人到开原去开个会。这一行为给了努尔哈赤完美的借口。努尔哈赤当即决定九月出兵攻打哈达部。

不过，建州攻打哈达城并非一帆风顺。努尔哈赤的弟弟舒尔哈齐率先请战，统领一千兵士先行来到哈达城下，看见城头军旗招展，尽是守兵，又有城下一支兵马出来迎战，舒尔哈齐不战而退。

努尔哈赤甚怒，喝问：这次出兵难道是为了城中无备才来的吗？你怕了就把兵带到后边去。说罢，拍马舞刀向前。因有舒尔哈齐的兵挡在前头，避让不便，努尔哈赤不得不统兵绕城进军。城上见援兵到来，弓弩齐发，建州兵卒伤亡甚众。

努尔哈赤连续攻城，历经六个昼夜，才把哈达城拿下，猛骨孛罗被俘。

猛骨孛罗是明廷的人，努尔哈赤放心不下，于是在万历二十八年（1600年）四月，找了一个通奸卖主的罪名把他给杀了。

明廷得知猛骨孛罗被杀，十分生气，不仅谴责了努尔哈赤，还断了他的贡赏。努尔哈赤立即向边官悔过，并把女儿许嫁给猛骨孛罗长子武尔古岱。并于次年在抚顺关外杀白马祭天发誓：辅佐武尔古岱，保守哈达各寨。

然而，不久后，武尔古岱向努尔哈赤借粮赈饥，努尔哈赤乘机要挟：要想借粮食必须先归顺我。武尔古岱无奈点头，于万历二十九年（1601年）取消了各号，哈达部至此灭亡。

消灭辉发部

努尔哈赤率先攻打安褚拉库路和内河路是因为这里盛产毛皮；最早消灭哈达是为了控制哈达肥沃的土地，同时直接把威胁推进到叶赫的家门口。

而第二个攻击对象选择辉发部则是因为辉发一直是叶赫坚定的支持者，辉发首领拜音达理是叶赫那林孛罗的“次将”，可见关系之紧密。消灭辉发部就相当于断了叶赫的一条臂膀。

同时，辉发是叶赫与乌拉进行经济往来的通道，攻占辉发，可以切断乌拉与叶赫之间的经济联系，有利于建州的经济繁荣和发展。

最后，叶赫最为强大，努尔哈赤计划把最后的晚餐留给叶赫，所以乌拉就是干掉辉发部之后的目标，而消灭掉辉发刚好可以和乌拉接壤，便于下一步行动的开展。

鉴于上述几点原因，努尔哈赤向他的第二个目标——辉发部举起了屠刀。而这次，借口再次自动而合乎时宜地摆到了努尔哈赤的面前。

万历三十五年（1607年）九月，辉发首领拜音达理与族人闹了矛盾，其叔父等七人白白当了挡箭牌，死于非命。拜音达理一时间众叛亲离，大量族人纷纷投靠叶赫。族内剩余的人也准备外投。

眼看形势不妙，又没有足够的实力向叶赫要人，拜音达理只能求助于努尔哈赤，并以本部七个大臣的儿子作为人质。

努尔哈赤爽快地发了一千兵。

叶赫见努尔哈赤发兵相助不免警觉起来，于是秘密遣使到辉发，向拜音达理承诺：只要与努尔哈赤断交，并将在建州的质子送到叶赫来，叶赫就归还辉发部众，还将东哥许配给拜音达理。

不战而屈人之兵，这当然再好不过了，况且还能抱得美人归，拜音达理怎能不心动？他主动与努尔哈赤断了交，要回了在建州的人质，并把他们送往了叶赫。但当拜音达理做完这些后，叶赫却食言了，既没有提婚配一事，也没遣返辉发族人。

拜音达理受骗大为恼火，但也只能哑巴吃黄连，迫于无奈，他只好厚着脸皮再次求助努尔哈赤，并表示愿娶努尔哈赤的女儿，结为亲家。

努尔哈赤没有追究拜音达理的违约，反而爽快地应允了他的请求，不仅答应再次出兵帮助，还将自己的女儿许配给了他。

不过，拜音达理却迟迟不履行婚约，努尔哈赤一再追问，为何聘女不娶？

拜音达理每次都解释：质子仍在叶赫未归。拜音达理一面这样解释着，一面在城内大兴土木，筑城三层。

城堡修筑好了，质子也归来了，努尔哈赤又派使臣催婚。拜音达理自以为城池坚固，休养足矣，公然撕毁婚约。努尔哈赤忍无可忍，于万历三十五年（1607 年），挥军讨伐辉发。

拜音达理筑城之后，辉发城堡更加难以攻占，所以靠蛮力难以取胜。努尔哈赤与众部将商议，决定先派人潜入辉发城，以轻骑突袭，来个里应外合。

在攻取辉发城的数天前，建州精兵以十数人为一伙，扮作生意人，持货进城，潜伏在城内。先后有十多伙，达百余人。他们详细侦查城内情况，伺机而动。

城外，努尔哈赤亲率大军，随营八十八将，日夜兼程，六天之后兵临城下。

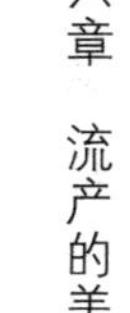

攻城的号角一吹响，城内的潜伏军抡刀而起，霎时间，辉发城内鸡飞狗跳，血光冲天，碰撞声、打闹声、哭喊声响成一片。战不多时，城门失守，努尔哈赤率领轻骑冲入城中。拜音达理虽措手不及，慌忙应战，却也奋勇杀敌，最终父子战死沙场。建州军队伤亡也很惨重，光大将就战死了六名。不过辉发城最终还是拿下了。

回过头来，心中有这样一个疑惑，那就是拜音达理为何不娶努尔哈赤之女，而再次背弃与努尔哈赤之间的盟约？

当然这是有人从中作梗，而这就是叶赫。虽然不能确定叶赫到底用了什么手段拉拢拜音达理，但有一种说法是叶赫又一次把东哥给推出来了，允诺将东哥许配给拜音达理，来换取他与努尔哈赤的断交。拜音达理又一次在同一个地方跌倒，马上表示愿意，并在自认为一切就绪后，公然撕毁与努尔哈赤之女的婚约，再一次背弃了与努尔哈赤的盟约。这一次，努尔哈赤忍无可忍……

清除乌拉部

消灭了辉发部之后的努尔哈赤在海西只剩下两个对手，一个是叶赫，一个就是乌拉。叶赫实力过于强大，努尔哈赤还动不得。相比之下，乌拉就属于一个新兴的势力，可这新兴势力崛起的速度也让努尔哈赤感到不安。

乌拉首领布占泰不是一个普通人，应该说，布占泰是一个颇有作为的大首领，人送外号“何叱耳”（即“左弓”之意），善于弓马，剽悍异常。

古勒山一战中努尔哈赤俘获了他，并在三年之后送他回国，推他上了宝座，成为乌拉首领。在他统治期间，乌拉心向叶赫，得到叶赫的大力扶持；而表面上他也表现出对建州的亲热，两次送婚，三次娶亲，利用政治联姻，防范建州干涉，为自己部族的发展创造有利的空间。

之后，南北出现了这样的现象：努尔哈赤在南方治理强兵，布占泰在北方壮大实力。朝鲜边防体察使韩孝纯描述当时的情形：老酋（指努尔哈赤）崛强，忽酋（指布占泰）继起，而两者都知道治兵自强。

眼见努尔哈赤短短数年收服多个部落，大有吞并各部之势，布占泰心急如焚，立马进军，掠取诸部。布占泰力量不足，每次出兵必请兵叶赫部、蒙古各部，因此，攻势迅猛，如龙卷洗劫。到万历三十四年（1606 年），布占泰的兵锋几乎染指了女真各部，并且水、陆并进，人、畜、谷物尽掠。

布占泰在军事上的一系列胜利，早已引起努尔哈赤的不安与关注。凡是布占泰的动静，不论大小，悉数侦察，并且及时向明廷边官打小报告。一来可以取得明廷的信赖，二来为自己的行动清扫障碍，寻找借口。

万历三十五年（1607 年）正月，东海瓦尔喀部来到建州，向努尔哈赤表示：部落遥远，不得已归附乌拉，但不堪重负，请求派兵接取家眷，归附建州。

努尔哈赤欣然同意。同年三月，派弟弟舒尔哈齐、大儿子褚英、次子代赞与大臣费英东、扈尔汉等率军三千前去迎接。从这支队伍的阵势，不难看出努尔哈赤对这次行动的重视，对其后果也是考虑周到的。

因瓦尔喀部靠近朝鲜，所以努尔哈赤在派出一支队伍后，另寄出一封书信给朝鲜王国边官，说明意图，另外归还了部分被掠来的朝鲜人口。这一行动，进一步为建州进兵扫除了障碍，使朝鲜边防军保持中立。

舒尔哈齐等收取五百户居民后，令两大臣费英东、扈尔汉率兵三百，护送先行。当护送队伍走到图们江右岸乌碣岩时，突然遭遇万余名乌拉兵的阻截，处境十分危急。

两大臣立刻采取紧急措施，一面急令五百户结阵于乌碣岩之巅，以一百兵守卫。另以二百兵与乌拉兵对峙。同时，快马加鞭求助于后继队伍。

乌拉兵前来挑战，建州大将杨古利率众奋勇迎击，阵斩乌拉七人，乌拉兵被迫后退。两军各自隔江扎营。傍晚，舒尔哈齐等后继队伍赶到。

第二天上午，乌拉与建州两军接战。战不几合，代善生擒乌拉大将父子，将其斩于马下，而后又斩次将两名。乌拉众兵见主将失利，纷纷溃散，建州兵勇猛追击，交战激烈，自午时战至日暮，乌拉兵死伤达三千人。建州获马五千匹，兵甲三千副。这就是乌碣岩大战。

乌碣岩大战使乌拉与建州两部的力量对比发生了有利于建州的变化，战争中努尔哈赤的军队既消灭了乌拉的有生力量，又收编东海女真兵多达五六千，实力进一步增强。

大败之后的布占泰有意投靠努尔哈赤，但是叶赫部又抛出了橄榄枝，这次的橄榄枝还是东哥。布占泰也无法抵挡东哥的诱惑，断绝了与努尔哈赤的联系，并逐渐疏远了建州三女，还常以骲箭击射努尔哈赤的女儿，以此羞辱她们。

终于在万历四十年（1612 年）九月，努尔哈赤统率三万大兵向乌拉进发。布占泰闭城不应战，几次以突袭的方式骚扰建州兵卒，使其疲惫不堪。

努尔哈赤下令攻占乌拉大城周围的各个小城，纵火焚毁沿河六城的房屋、谷物。

布占泰没有办法，只得遣使求和，接连派出三次使者，努尔哈赤均不予理睬。布占泰只得亲自求见，请求退兵。努尔哈赤身披明甲，骑跨白马，走出军营，步入乌拉河，站立河中，水至马腹，厉声斥责。布占泰唯唯叩首，悉心听命。最后努尔哈赤提出退兵的条件：将乌拉部众大臣和布占泰的儿子送来建州作为人质。

几天之后，他留下千余士兵驻扎乌拉，其余全部撤回。

万历四十一年（1613 年）正月，乌拉布占泰不仅没送人质到建州，反而准备将子女和十七大臣的儿子送往叶赫，并聘娶叶赫老女，囚禁建州三女。努尔哈赤大怒，亲自统率大军再征乌拉。

布占泰统兵三万，出城迎战。初战时，两军弓箭手对射，枪林箭雨，杀气凌云。而后努尔哈赤挥刀拍马冲入敌阵，众将士亦紧随冲杀。大军如潮水般涌向乌拉军阵，乌拉兵一时之间阵脚大乱，兵溃如山倒，纷纷弃甲奔逃。

建州大将安费扬古竖起云梯，率先登城。努尔哈赤从容入城，坐西门城楼上观战。旷野之上，布占泰全军崩溃，只率百名亲兵，勉强脱身。行至城下，见建州大旗高悬于城楼之上，他大惊失色，催马欲逃，却又被代善的兵卒团团围住。

布占泰兵少势单，无心恋战，杀出重围，夺路而逃，去往叶赫。

这一战，建州斩杀乌拉兵一万，缴获盔甲七千副，乌拉至此灭亡。

哈达、辉发、乌拉先后被努尔哈赤消灭，历史上留下的唯一关联就只有东哥这个美女，可惜古代没有摄影技术，也没有写实风格的画像，我们终究不知道这个东哥究竟美丽到何种程度。

不过，有一点是清楚的，所谓的美人计，终究不过是一个微不足道的原因。被消灭的部落为失败寻找借口，只好拿一个少女作为挡箭牌。把历史的发展归因于一个女人身上，是躲避责任的表现。

这正是：二桃杀三士，一女夷三部。

叶赫：一个像样的对手

在相继消灭了哈达、辉发、乌拉等不可或缺的配角之后，女真舞台上真正的两大主角的对手戏即将上演——建州与叶赫，终于到了撕去笑脸面具的时候了，多年以来的幽愤终于可以光明正大地说出口。

古勒山战败后，叶赫卜寨的弟弟那林孛罗曾向努尔哈赤索要哥哥卜寨的尸体，努尔哈赤把尸体劈成了两半，把一半送回了叶赫，那林孛罗既悲痛又气愤，却又无可奈何，体内三种强烈的情感互相冲撞，以致暴病身亡。哥弟俩的两个儿子布扬古、金台什继任了首领之位。叶赫、建州自此结下不共戴天之仇。

万历二十五年（1597 年），叶赫一方面与建州交好，一方面干着破坏盟约的勾当。建州大将穆哈连远征科尔沁，带着战利品返回，途经叶赫时被截留。叶赫将穆哈连交给了蒙古部。同时，金台什又将原本许配给代善的女儿转嫁给蒙古部首领，建州与叶赫关系再度紧张起来。

万历二十九年（1601 年），努尔哈赤的侧妃、叶赫仰加奴幼女、皇太极的母亲孟古哲哲病危，十分思念生母。努尔哈赤派人前往叶赫，请金台什送孟古哲哲母亲来建州见一面，金台什坚决不同意，只派了孟古哲哲乳母的丈夫前来探望。努尔哈赤大为不满，双方关系进一步恶化。

吞并哈达后，努尔哈赤的领土已经与叶赫直接相接，出于对叶赫的痛恨，努尔哈赤于万历三十二年（1604 年）正月，出兵侵袭了叶赫，连拔二城七寨，掠夺人口两千。双方矛盾渐趋白热化。

万历三十七年（1609 年），在清除辉发后的两年，努尔哈赤兵势强盛，想要一举扫平叶赫，便再一次发起了袭击。

百足之虫，死而不僵。努尔哈赤高估了建州的步兵，低估了叶赫的精锐骑兵。

旷野之上，建州步兵完全抵挡不住叶赫骑兵的攻击，兵将死伤过半，武器盔甲几乎全部损失，舒尔哈齐亦中箭负伤。

出师未捷，努尔哈赤大为恼怒，命令工匠日夜打造兵器，下令征调五部士兵，以备十月再战。

叶赫知道努尔哈赤不会善罢甘休，就求助于明廷。辽东官兵联合蒙古各部进行干涉，努尔哈赤不敢公然与明廷作对，又怕对方突袭，不得不转攻为守。僵持期间，建州内部又查出一个暗通叶赫与明廷的内鬼。在这样内忧外患、矛盾重重的情况下，努尔哈赤放弃征战，命令士兵各归田里。

建州与叶赫的军事冲突刚刚平息，叶赫布扬古就悔婚，将妹妹东哥先后改许乌拉布占泰和蒙古部首领。努尔哈赤再一次怀恨在心。

万历四十一年（1613 年），努尔哈赤清除乌拉后，以叶赫悔婚、窝藏为借口，斡旋无果，趁布占泰投奔叶赫之机，于同年九月，统率四万大军突袭叶赫部。

叶赫毫无防备，先后使十九城陷落。建州兵烧杀抢掠，所到之处，一片狼藉。这次战争，努尔哈赤军队出其不意，攻其不备，对大部落先行蚕食，后行吞并，吸取了上次旷野败于叶赫骑兵的教训。

损失惨重的叶赫再次向明廷打小报告，说努尔哈赤有割据东北的企图。明政府见势，就派出使臣警告努尔哈赤不要轻举妄动。

蒙古各部见叶赫内外交困，也想分一杯羹，便趁火打劫。搞得叶赫过冬都成了问题，部众饥寒交迫，纷纷逃往建州，连金台什的从兄也投奔努尔哈赤去了。眼看叶赫就要瓦解了，明政府赶忙拿出了大量的粮食、衣被、铁器借给叶赫，还加派火枪兵千人驻守东西二城，这样总算让叶赫挺过了寒冬。

努尔哈赤见明军驻守叶赫，形势不利，便放弃了攻取叶赫的计划，写了封信到明边塞官员那里，解释一番自己之前出兵叶赫名正言顺的理由，好让边官宽心。

万历四十三年（1615年），叶赫布扬古不听明廷劝告执意把妹妹东哥许婚给蒙古部蟒古儿大，并抓了建州六个百姓。

这个时候的东哥已经年过三十，是名副其实的叶赫老女了。

东哥原本是许配给努尔哈赤的，不管是不是真心，至少也有过天长地久的承诺，听到东哥出嫁的消息，努尔哈赤很气愤，乘婚宴之际，发兵三千，驻守城外，摆出一副厮杀的架势。明廷见势危急，便进行多方调解。努尔哈赤迫于形势，只得作罢。

撤军之前，努尔哈赤发出了这样的诅咒："此女生而不祥，哈达、辉发、乌拉三部以此女构怨，相继覆亡。今明助叶赫，不与我而与蒙古部，殆天欲亡叶赫部，以激其怒也。我知此女流祸将尽，死不远矣。"

努尔哈赤毕竟是天之骄子，发出的诅咒果然灵验。出嫁一年后，东哥便病死他乡。

而东哥的死并没有带走战争的阴云，建州与叶赫的战争一直持续着。但努尔哈赤对叶赫的每次进攻，均遭到明廷的强力干涉。这时，统一战争的关键已经不是简单的征讨叶赫的问题了，而是如何应对明廷。

努尔哈赤虽然紧紧盯着叶赫，想把它一口吞下，却又担心明军干涉。可是如果长驱直入，专心对付明朝，又担心叶赫从背后袭击，抄其后路。

所以，努尔哈赤不得不放弃短期内灭掉叶赫的计划，专心经营自己的地盘，尽力与明廷周旋……

挽歌：天之亡我，非战之罪

为什么要把叶赫的结局单独拿出来作为一节呢？因为叶赫这个故事的过程和结果之间隔了太多的事，几乎都不能把它看作一个完整的整体了。

面对眼前的这个宿怨极深的仇敌，努尔哈赤本可以上去狠狠地将其干倒，无奈身旁有那么多双眼睛盯着，那么多只手纠缠着——明廷死死地盯住自己，努尔哈赤不敢轻举妄动。

打不得叶赫，那就整家门。在这段时间，努尔哈赤改革内政，创立八旗制度，建立后金政权。

不过努尔哈赤的精力向来是旺盛的，只做一件事远远是摆脱不了无聊的。忙着建立政权的当口，努尔哈赤依旧不知疲倦地征战着。叶赫不能打，那就打东海。

从万历二十六年（1598 年）二月征战东海部的安褚拉库路和内河路开始，努尔哈赤有规律地隔段时间就出兵一次东海，打到万历四十五年（1617 年）占领黑龙江下游和库页岛及附近岛屿，终于完全征服了东海。

放眼整个女真，就只剩下叶赫一根大刺了。而这根大刺却是被明廷镀了金的铁刺。不会枯死，又生不了锈，还拔不得。除非把它外面的那层镀金给剥了。

万历四十六年（1618 年），努尔哈赤对诸贝勒宣布："吾意已决，今岁必征大明！"随即颁布"七大恨"，昭告天下，对明宣战。

明廷立即应战，拨军前往。

第二年，两军展开了著名的"萨尔浒之战"。

叶赫刚准备参战，结果明军大败，叶赫慌忙撤退。

萨尔浒之战后，明廷暂时没有能力攻打后金。于是努尔哈赤调转军队，集中力量进攻叶赫。

起初叶赫积极迎战，西城布扬古统兵出城，与八旗对阵。战不多时，便退守城池，不敢再战。

明廷见叶赫孤立，立马派军队救援。努尔哈赤在沿途关口严密部署精兵，明军损失惨重，怯战不前。

八旗冒矢攻城，东城金台什拒不投降，以卵击石，最终溃败，金台什纵火自焚。西城布扬古弃城投降，但仍被杀。

这个坚持和努尔哈赤斗争到底的部落最终没能逃过命运的捉弄，就这样消失在历史的长河中。

第七章　后金的锻造

从1598年努尔哈赤派军队攻打东海女真开始，一直到1619年彻底消灭叶赫部结束。这二十年里，努尔哈赤的生命中不仅仅只有海西女真一个名词。

如果我们把这些别的事情和吞并海西女真当作一个整体来看待，就会发现，努尔哈赤的建州就是一部运转流畅的战争机器，一个个事件就像一件件产品，在流水线上排列而过：创造满文、创立八旗、统一东海、建立后金、对明宣战、消灭叶赫。

而这些事情的中心就是：建立后金。

后金不但是努尔哈赤一生战绩的见证，更是努尔哈赤为女真各部献上的最好礼物。

创造满文

女真原本是有文字的，前提是我们认为之前的金朝女真就是建州女真的直系亲属。后来金朝被蒙古所灭，文字就逐渐遗失了。

到了明朝时候，东北女真逐渐恢复过来，可是文字却没有找回来。当时女真动乱分裂，能活下去就是万幸，关心的也就是性命和一点经济基础，谁也没有多余的心思去管文字这样的上层建筑。

女真官方文件用的是蒙古文，而流传的书籍之类用的是汉文。女真族基本上人人都会讲两门语言（只是会听会讲，不一定会看），却没有自己的文字。

万历二十七年（1599年），努尔哈赤看着大大小小的文件往来，全部书写成蒙古文然后再翻译，太过麻烦，想着把蒙古文字编写成自己的文字。一想就心动了，嘴皮子一动，就让两个学者额尔德尼和噶盖去造文字了。

两个人思前想后，探讨了许多天，终究感到力不从心。对努尔哈赤坦承：我们学习过蒙古字，熟知蒙古语，但是实在不知道该怎么创造女真文字。

努尔哈赤也谅解他们，没有责备，而是加以指点：汉人念汉字，学与不学一读都知道是什么意思。蒙古人念蒙古字，学与不学，一读也都知道是什么意思。我们的语言，你们按照蒙古字的形式写，按照我们女真的读音来读，这样不可以吗？

就这样，仿蒙古字创编，以女真语音读，创造了文字，颁行各部。这就是后人所看到的老满文。后来皇太极的时候，对老满文加以修改，就是今天的满文了。

满文的创造，使女真有了本民族的文字，是又一部分女真人进入文明时代的重要标志，也是满族文化发展的里程碑。它对于女真内部的交往、文化的传播以及凝聚力的加强，都有着重大的作用。

这也是努尔哈赤为后代铺的第一块砖，他的算盘是，如果女真有了文字，日后进入关内应该就比较容易了。

努尔哈赤断然没有想到，即使他创立了女真文字，也确实把女真融合成一个整体，但是当他们打入关内，数百年以后，现在是中华民族的一部分。

创立八旗

文字就像中药，便于调养，但是疗程长，起效慢。

努尔哈赤想在短时期内稳固政权，还需要辅以西药。西药药效猛，起效快，而且能形成抗体，长期保护。

这剂西药就是八旗制度，也就是努尔哈赤为后代铺下的第二块砖。

在不断的征战中，努尔哈赤所统辖的地域不断扩大，人口持续增加，牛录制度已经不能满足统治的需求了。面对这一情况，努尔哈赤于万历二十九年（1601 年）对原有牛录进行改革。

努尔哈赤将牛录的人数增多，扩大到三百人；每五个牛录编作一队，组

成一个甲喇，甲喇的主管人叫甲喇额真；每五个甲喇编作一队，组成一个固山（即“旗”的意思），设固山额真一人，下设左右副手，称作梅勒额真。固山是户口编制的最大单位。

这次一共设立四个固山，即四旗，旗色为黄、白、红、蓝。这次改革为八旗制度的建立奠定了基础。

到万历四十三年（1615年），努尔哈赤统一了除叶赫以外的海西诸部，又有大量东海女真部的归降，努尔哈赤再一次作出调整。

他在原有四旗的基础上，又增设四旗：镶黄、镶白、镶红、镶蓝。除原四纯色旗外，新添四旗中黄、白、蓝色旗均镶以红边，红色旗镶以白边。

八旗初建时，没有高低之分，不过镶黄旗为近卫军，所以由努尔哈赤独领，也就导致了后来镶黄旗的地位尤为凸显。

清军入关后，八旗分为上三旗和下五旗。上三旗为镶黄、正黄和正蓝，由皇帝亲领，其中镶黄旗又称头旗。其余为下五旗，由诸贝勒分领。但是，顺治时，多尔衮将自己所领的正白旗纳入了上三旗，而把正蓝旗降为下五旗，并从此成了定制。

所以，清朝官方文件在提到八旗时，是严格按照等级排列的，前后顺序绝不能颠倒。上三旗：镶黄、正黄、正白；下五旗：正红、镶白、镶红、正蓝、镶蓝。

清太宗皇太极时，增建了八旗蒙古和八旗汉军，旗帜与八旗满洲相同。八旗满洲和八旗蒙古主要是骑兵，八旗汉军也叫乌真超哈（重装部队），主要是炮兵。这样一共是二十四个旗，共有军队十八万人。

八旗基本上类似于现代军队的八个大的集团军。

旗主是每个旗的最高领导，直接受皇帝领导。

牛录是八旗制度的最底层，按照地理位置和血缘关系组成的，把三百人的牛录，分编成四个村子。

八旗兵平时生产，战时打仗。八个旗主都由努尔哈赤的儿子、兄弟担任，以确保忠诚度。他们既是军事统帅，又是政治首领，努尔哈赤是八旗的家长和最高统帅。

这样，努尔哈赤不但把手下的部落和军队严密地管理起来，而且还省去了复杂的行政机关。

和谐是要有所牺牲的

努尔哈赤统治下的和谐是人人有仗打、人人要听话。为了这个和谐，一切都可以抛弃，包括亲人。

舒尔哈齐

舒尔哈齐是努尔哈赤的亲弟弟，生母去世之后，哥俩相依为命，感情很好。

努尔哈赤起兵以后，舒尔哈齐一直伴随左右，是努尔哈赤极为信任的亲人。大战小战，哥俩齐上阵。

但是，任何关系，一旦沾上权力，就不再是简单的关系了。作为努尔哈赤的弟弟，舒尔哈齐自然也想拥有哥哥一样的权威，这就触动了努尔哈赤敏感的神经。

家产越大，想多捞一点的人就越多。集团的规模越大，小团体就越多。

努尔哈赤集团也不例外。这个统治集团内部产生了分裂。弟弟舒尔哈齐看到努尔哈赤的权势不断扩张，心中失去平衡，开始在背后搞一些小动作。

万历三十五年（1607 年），在乌碣岩之战中，舒尔哈齐表现得不像以往那样积极作战。努尔哈赤认为他消极怠工，还经常抱怨，因此不再让他带兵打仗。

不过毕竟是自己的亲弟弟，努尔哈赤也不会不管他，就让他指挥部众去修建城市。将军不打仗，却要修城市。舒尔哈齐越想越气，一气之下，带着部众给自己造城去了。

眼看自己哥哥不再信任自己，舒尔哈齐也开始另找出路。万历三十七年（1609 年），努尔哈赤进攻叶赫失败，舒尔哈齐趁着养伤的机会与自己的三个儿子密谋，企图投靠明朝和叶赫，并且把家搬出了佛阿拉城。

努尔哈赤知道后，劝其归来，可是舒尔哈齐不听。努尔哈赤怒不可遏，没收了舒尔哈齐的全部家产，杀了他的两个儿子，把他的部将吊在树上烧死。

舒尔哈齐感到绝望，向努尔哈赤认错，并被努尔哈赤幽禁。

万历三十九年（1611 年），舒尔哈齐旧伤复发，病死。

褚英

褚英出生在努尔哈赤最落魄的年代，跟随着父亲生里来死里去。

当他成年以后，成了努尔哈赤的得力助手，多次立下战功，深受父亲喜爱。不出意外的话，努尔哈赤的皇位迟早是会传给他的。

但褚英偏偏是个权力欲极强又没有什么耐心的人。

万历四十年（1612 年），努尔哈赤想让褚英做自己的继承人，就让他负责处理政务。褚英趁机把持权力，离间五大臣，胁迫四个弟弟不得违抗自己。

结果五大臣和四个弟弟都不是吃干饭的角色，他们联合向努尔哈赤报告了情况。努尔哈赤严厉地训斥褚英，收回了他的执政权。

褚英怀恨在心，企图武力夺权。他准备了两个方法。

一是写诅咒。这招很阴毒，在古代这种接近巫术的东西很让人害怕。褚英诅咒父亲、弟弟、五大臣早死。显然，作出的诅咒没有奏效。

二是堵城门。如果出征乌拉的父亲打败归来，就拒绝他们入城，然后派军队在城外动手。但褚英还没来得及下手，阴谋就败露了。褚英被逮捕审问，并被监禁。

万历四十三年（1615 年），努尔哈赤以"长子的存在，会败坏国家"为由将褚英处死。

定官制，建后金

万历四十三年（1615 年），完成民政与军政的改革后，努尔哈赤又紧随其后地发布了政府部门改革文件，对官位和职责进行改革。

设立听讼大臣五名、扎尔固齐十名。凡有案件，先由小法官审理，再上达大法官复审，大法官复审后，上告众贝勒。如果案件小，不需要断定生死，那众贝勒就可以结案了。但如果是重大案件，则必须上报努尔哈赤。

审理大案时，努尔哈赤作为大法官端坐大殿之上，报案的人跪在下边诉冤，准许被告申辩。最后，由努尔哈赤根据情况作出判决。

五大臣、十扎尔固齐以下，设立判官（办事员）四十人，荐举办事大臣（县长）八人，任务是专门守城和兼管乡间的事务。又委派十六名大臣管理仓粮，并配以助手，协助记录谷物数量等情况。至此，军事、民事、经济、行政等国家管理机构已经具备了相当的规模。

各官设立后，努尔哈赤决定五天开一次会，众贝勒、大臣，每五天集合一次，聚集在努尔哈赤的大殿内，商讨国家大事，结果由努尔哈赤定夺。

努尔哈赤采取“任官使能”的政策，要求各地官员举荐人才，也经常委派大臣去各地查访贤人，根据他们的能力委任相应的职能。

设官理政、审判听讼、广集人才等这些措施保障了社会和人民生活的基本稳定，为建州社会生产的稳定发展提供了条件。

万历四十四年（1616 年），努尔哈赤在对内完成整顿之后，宣告后金正式诞生，并于正月初一，举行了盛大仪式。

后金诞生之初，举行了隆重的仪式。先是八旗各个贝勒、大臣举行会议，一致赞同为努尔哈赤上尊号，并作表书，请求努尔哈赤准许。

年初一，八旗各个贝勒率领众大臣整齐地排列在殿堂两侧，等努尔哈赤升殿就座后，众贝勒、大臣齐跪。八大臣出班跪在努尔哈赤的座位前，呈上表章，近身侍臣接过并宣读。表章歌颂了各方仰慕的努尔哈赤，彰其恩德，称努尔哈赤为大英明汗，国号称“金”，史称“后金”，年号为“天命”，以万历四十四年为天命元年。

说到后金，又再次证实了努尔哈赤的确没多少文化。按照邹衍的“五德始终说”，各个王朝都有对应的五行属性。自从秦朝根据“水德代周而行”而自命水德并进行一系列改革之后，各朝各代的君主无不关注五德之说。

只有刘邦那个没文化的孩子执意认为自己是水德，于是汉承秦制，也变成了一个“黑色王朝”。实际上，土克水，汉应为土德。汉武帝时期正是承认这一德运，宣布改制，“黑色王朝”变成“黄色王朝”。

而这会儿，又有努尔哈赤步刘邦的后尘。明朝为火德，努尔哈赤偏偏要把自己的国号定为“金”，火克金，努尔哈赤怎么跟明朝斗，最终被明朝的火炮打回了老家。努尔哈赤的后人吸取教训，果断把国号定为“清”，清为水，金生水，水克火。

你说努尔哈赤逆天吗？却又不是，在表章宣读完后，努尔哈赤率领众臣焚香祭天，行三拜九叩大礼。努尔哈赤不逆天，他是顺天的，只是没文化，不知道天意罢了。

拜天之后，努尔哈赤率大部队回到大殿。各贝勒率旗下部将跪拜努尔哈

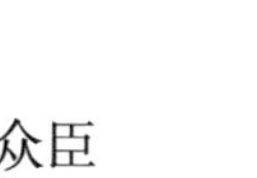

赤，向他们的新大汗表示祝贺。

这一年，努尔哈赤五十八岁。

后金虽然建立了，但是，对明廷心存畏惧使努尔哈赤不敢公然打起“金”的旗号。对外仍以建州或女真自称，对明廷保持臣属地位。

第八章　双 城 祭

打你我有“七大恨”

提到努尔哈赤，就不得不提萨尔浒。

作为一个政治家，努尔哈赤最大的成就是建立后金；作为一个军人，努尔哈赤最大的骄傲是在萨尔浒这个地方击败了明军。

而萨尔浒战役的直接原因则在于抚顺与清河的陷落。

说到抚顺与清河，首先要从所谓的“七大恨”开始。

万历四十六年（1618 年），努尔哈赤斩鸡头，烧黄纸，捅破了与明廷间的最后一层窗户纸，宣布进攻抚顺，讨伐明朝。

理由就是“七大恨”。

让我们先来看看这历史上响当当的“七大恨”。

第一大恨：我的祖父和父亲没有伤过明朝的一草一木，也没有抢过明朝的一针一线，明朝却无事生非，打到女真，把他们给杀了。

第二大恨：虽然明朝杀了我的至亲，但我还是与明朝和睦相处。曾经在边关划定界限时说定，无论明人，还是女真人，如果有越过这界限的，看见就杀，如果有人看见却不杀，那就杀不肯杀的人。可是明朝出尔反尔，出兵跨界，保卫叶赫。

第三大恨：明人经常跑到我的地盘来抢东西，我按照盟约把他们杀了，可是明朝不遵守规定，不但责备我杀人，还把我派过去的人也抓起来杀了。

第四大恨：叶赫的东哥本来是嫁给我的，可是明朝派兵越过边境帮助叶赫，致使东哥改嫁给了蒙古部。

第五大恨：柴河、三岔、抚安这三个地方，我祖先世世代代在这里耕种、生活，可是明朝竟然派兵驱赶我们。

第六大恨：叶赫得罪了上天，我按照上天的旨意去打它，可明朝偏听叶赫的话，以种种恶言诬害我。

第七大恨：当年哈达两次帮助叶赫来攻打我，我发兵征讨，占了哈达，可明朝胁迫我归还哈达人口。后来，叶赫数次侵犯哈达，掳掠去了大量人口。天下各方，相互征战，哪有已死在刀下，又叫他复活的道理！哪有已经到手，又要归还的道理！大国的君主，应当公正无私，怎么偏偏与我构怨？明朝违背上天旨意，颠倒黑白，妄加评断，人神共愤。

“七大恨”是努尔哈赤对明廷与女真过去关系的总结，是双方未来关系的开端，是后金对明廷的宣战书和对女真的号召书。

不过，努尔哈赤怎么不早不晚，偏偏把“七大恨”的昭告选在万历四十六年呢？缘由不会是孤立简单的，但是概括地说，有这样几点原因：

其一，万历帝晚年政治更加腐败，明边官员贪赃枉法，边廷的贡赏、市赏不能正常进行。万历后期，明边大量替换官员，包括我们熟知的李成梁也被换下台了。而这些新来的官员，极力搜刮民脂民膏，克扣、拖欠贸易资金和赏赐，凌辱贡使，使女真无法正常获益。

其二，努尔哈赤已基本完成女真的统一，建立帝制，势力雄厚，而辽东军备更加废弛。努尔哈赤多次进攻叶赫，但都被明军阻挠，渐渐地，进攻辽沈的念头在努尔哈赤心中成熟起来。明军不灭，叶赫是不倒的。自己在不断壮大，明朝却不断衰弱，况且李成梁一走，自己也没有后顾之忧了。

其三，辽东女真地区灾荒严重，民不聊生，女真人对明朝的反抗情绪高涨。据朝鲜《光海君日记》万历四十五年（1617 年）四月的记载：女真人遭遇凶年，饿殍塞路，四处乞食，老弱填壑。努尔哈赤“祸水南引”，把女真人的不满、怨恨指向明朝，并借掠夺财富，缓解后金社会危机。

就这样，打着“七大恨”的旗号，努尔哈赤率领两万大军向明朝宣战（后金与明朝的决裂，形成了两个对立政权，从此，文章改称“明廷”为“明朝”，以示区别）。

抚顺：假如真有名字这样美

抚顺，中国东北一个美丽的城市。

建于1384年，由明朝在浑河北岸高尔山下投资兴建，取“抚绥边疆，顺导夷民”之意，定名抚顺。简单说来，就是安抚归顺的子民。

然而，这个城市的历史劫难却和它的名字截然相反——不是安抚归顺的子民，而是数次被所谓归顺的子民烧杀抢掠。

几百年前，当女真进攻明朝的时候，抚顺首当其冲，满身伤痕。

说到女真，人们都会认为，女真骑兵犀利无比。然而，在攻打抚顺的战争中，却没有看到骑兵的犀利，看到的只是阴谋和诡计。

万历四十六年（1618年）四月，明朝驻抚顺游击官李永芳宣布在四月十五日开抚顺马市。

李永芳，辽东铁岭（今辽宁铁岭）人，出生年月不详，病逝于万历四十六年（1618年）。他是明朝第一位投降后金的边将，原为明军游击，降后被授为三等副将，后来因伐明有功，授三等总兵官。

这个马市是努尔哈赤的祖宗董山创立的，我们不得不感叹，祖先的福泽真的能荫庇后世，几代之后，还能为努尔哈赤进攻明朝轻轻松松地打开大门。

对明开战，抚顺城是努尔哈赤出入的要路和通向明朝边关的门户。

一番商议之后，努尔哈赤采取了如下步骤：

第一步，重金诱降抚顺的官员，作为向导。

第二步，鼓动蒙古部二十四营到抚顺讨赏，以分散明官注意力。

第三步，派遣代善前往广宁府，打探明军统帅意向和军备情况。

第四步，假扮商人趁马市混进城中，里应外合。

计划议定后，便各自行动起来。

代善来到广宁府，拜访广宁总兵张承胤。酒席之上，代善直截了当地问道：总兵大人，我父亲的志向不小，我们屡次进谏，他也不听。万一统兵攻打明朝，大将军可有什么计策应对？（“父志不小，屡谏不入，万一南向，大将军计将何出？”）

醉意朦胧的张承胤以为是笑谈，只自夸朝廷的威德和辽边守备如何坚固，毫无应对之策。（“惟盛赞明朝威德。”）

十四日，大雨，努尔哈赤派麻承塔率领三千人扮作马商，赶着马群向抚顺出发，另外派皇太极率领五千人作为伏兵配合“商队”。

同时，八旗军兵分两路，左四旗冲东州、马根丹二城而去。右四旗由努尔哈赤亲自带领，直奔抚顺城而来。

十五日清晨，抚顺城门大开，城内居民运着货物大量涌出城门准备进行马市贸易。

这时，蒙古部披甲戴盔，涌到抚顺城下向明官讨赏、讨债，使得场面更加混乱。

乘混乱之机，后金“商队”突然一声号角，拔出武器，冲进城里，两方厮杀开来。

皇太极率兵五千，由诱降的明人带路，于夜间进至抚顺城下埋伏。号角吹响后，军队一跃而起，在城外大开杀戒。

努尔哈赤所率领的大队也及时赶到，内外夹击。努尔哈赤令一个明人捎一封招降信给李永芳，威逼利诱，允诺归降后提拔、联姻。

李永芳感到抚顺难保，但看完信后，没有立即做出选择，而是穿上明朝的官服，站在城南垛口上，一面表示要投降，一面又命令将士准备防御。

皇太极见此情形，下令竖云梯攻城。城内火光冲天，一片混乱。

简短的抵抗过后，城内突然安静下来。城门打开，李永芳身穿官服，骑马走出，由镶黄旗固山额真阿敦引见努尔哈赤，不让李永芳下马，努尔哈赤和李永芳互相拱手示礼。

就这样，李永芳投降了后金。

这是努尔哈赤第一次和明朝正式交战，第一次得获明朝降官。努尔哈赤厚待李永芳，是为了便于今后对明用兵，了解明情，统辖民众，争取更多的官吏归顺。

努尔哈赤把李永芳从游击提升为三等副将，统管降民千户，并把自己的一个孙女嫁给了他，做了“抚顺额驸（驸马）”。

李永芳投降，换来了这样的荣华。

不过也有不怕死的，如千总（团长）王命印，把总（连长）王学道、唐铭顺等拼死搏杀，战死沙场。

对待抚顺城的居民，凡是抗拒的，杀无赦；听话的，一律收留，重新编户。

抚顺城战斗结束，与此同时，东州、马根丹战斗也结束。三个城市均告陷落。

这次战役，后金军共俘获官员近千人，掠夺人畜三十万，八旗兵把他们编成千户，每户六口人，每千户共计六千人。

洗劫完三城的财富后，努尔哈赤率军撤退，留下四千兵士，“毁其城”。

城市不重要，重要的是人口和财富。对于女真人来说，城市只会束缚他们的手脚。所以他们遇到城市，攻占后，便洗劫，洗劫完，便摧毁。

从三座城里抢来的财富，努尔哈赤论功行赏，全部赏给了手下。手下所有的军队瓜分了五天五夜都没有分完。

广宁总兵张承胤听到抚顺失守的消息，吓得不轻，不敢贸然出兵，但迫于抚臣李维翰的一再催促，只好带着一万人前去增援。这已经是三城沦陷的五天之后了。

代善与皇太极请战，据山守险，设下伏兵，张承胤军队被围困，四面受敌，纷纷溃败，被追杀了四十多里。张承胤战死，明军几乎全军覆没。后金缴获战马九千多匹，兵甲七千多副。

首战告捷，接连着的巨大收获不仅刺激了努尔哈赤的神经，更挑起了女真人的欲火。他们没有想到明朝这么有钱，他们也没有想到明朝军队这么脆弱。

清河：自作主张的牺牲品

抚顺、东州、马根丹等三城多地沦陷，辽东精锐之师——广宁援军被歼，消息传到北京，“朝廷震惊”。

万历恼羞成怒，决心征伐后金。无奈财政赤字实在严重，拿不出军费支援，万历不得已只有动用皇家私房钱，用作辽东军队的奖励基金，调兵遣将，调用了一些不长进的或被贬职的旧臣，戍守辽东。

起用原宁夏总兵右都督李如柏，挂印镇守辽东；起用兵部侍郎杨镐，为辽东经略（即朝廷驻辽东特别专员）；起用原任总兵官杜松，驻扎山海关（“起用”就是再次任用的意思。朝中无能人，废才也照用。这几个人会在下文详细讲到）。

朝中大臣纷纷上书，请求印钞，发行内币。起初，万历无动于衷，后来上书的大臣实在太多，经不起烦，就下诏发行了十万内币。

军事上，除了起用一名经略、两三总兵外，也不见有其他行动。朝臣会议，一般也都是议而不决，决而不行。张承胤统率的辽东精锐之师，在兵败以后，没死的都成了散兵游勇，分聚各地，少则数百，多则上千。对于他们，朝廷从没过问，更没有召集和重新组织。因此，京城内外，一片人心惶惶。

时过多日，努尔哈赤见明廷没有什么行动，便大胆起来，开始试探性地实施蚕食明边方案。

五月十九日，努尔哈赤先后发兵，攻取了抚安堡、花豹冲、三岔儿堡等大小城堡十一处。二十日，又招服和攻取了崔三屯及其周围的四堡。总计攻下十七个堡。

努尔哈赤军队将城堡洗劫一空，“毁城，以其粟归”。

对于长在地里还没有成熟的庄稼，纵马牧放。

万历迫于形势，不得不采取行动。

赐经略杨镐尚方宝剑，颁旨：总兵以下将士不听从命令的，直接以尚方宝剑处斩。

谕令总兵杜松、刘綎等星夜出关，拨太仆寺金六万两，以购买战马。太仆寺是专门管马的部门，这样的部门尚且还要掏钱买马，可以想见，明朝的财政困难到何种地步！

五月二十一日，各将领相继到位。到位后，又发现了新的问题——有将无兵！将士是调来了，却没有几个兵可供指挥。兵士都被努尔哈赤俘虏了，当然没兵指挥。

从整个辽东的军备情况看，明军的状况很糟。朝廷财政空虚，军饷不能及时筹办，将令不行，士气低落。从四月到七月，所征调的援兵迟迟不肯出关。蓟镇的援兵到关的仅有五千人，又分散防守。新募的一万兵卒刚刚操练，有的因军饷不济，几乎散去。

于是，辽东别无他法，只得临阵磨枪。由总兵奏请朝廷，请求训练当地居民，并暂停科举，凭军功赐科名。

临阵磨枪也需要时间啊，没办法，只能想办法拖延。

仗，暂时没法打；谈，是唯一的选择。

广宁巡抚为了稳住局面，派人到后金去讲和，要求对方把吞下去的赃物吐出来。

努尔哈赤拒绝得理直气壮：这都是我辛苦征战得来的，哪有凭你一句话就拱手让你的道理？如果你承认我的行为是对的，那么除了我已经得到的这些外，还应该给我增加赏赐；如果你认为我的行为不对，那么也就不需要讲和了，咱们兵戎相见！

此时，明廷既没有兵力剿杀后金，也没有相应有效的对策，更没有一个精于辞令的使者，所以这次谈判，明方的地位是极其软弱、被动的，也就无怪乎努尔哈赤拒绝得这么果断。

而努尔哈赤竟然如此能说会道、巧于辞令，这一点不得不叫人佩服。

明朝雷声大雨点小的行动，让努尔哈赤明白了明朝的状况，于是彻底放下心来，准备进攻清河城。

清河城是今天的辽宁本溪，是通往沈阳的必经之地。四年前，明朝巡抚山东都御史翟凤种说过：建州最贪的是清河、抚顺两个市场贸易之利，最害怕的是抚顺、清河两处官军的捣剿。

因为抚顺、清河两城是后金通向辽沈的门户，离赫图阿拉最近，自然对后金来说是个威胁。

在努尔哈赤进攻清河城前，杨镐就把这里看作一夫当关的绝境，用了四个月的时间，进行了认真的修筑，并对守将邹储贤说：敌人来了，一定要主动出击，在城外的山路阻截他们，千万不要拥兵自守，守城只能等死。这是杨镐为数不多的几次头脑灵光中的一次，不过还是没被派上用场。

邹储贤连连点头同意，不过杨镐一走，这个建议就被抛到九霄云外了。

因为，守城才是邹储贤的使命，而能否击败努尔哈赤，则不是他的任务。

他守城，是因为他等得起。一方面，他对清河城的防御系统感到放心；另一方面，他相信朝廷的援军会很快到来。

而他之所以选择等，是因为如果出击，一旦输了，他就背上了千古的骂名；而如果一心防守，那么即使输了，也不至于被后代唾骂。

七月二十日，努尔哈赤进攻清河城，当天围困了进出口要塞——鸦鹘关。

邹储贤立刻下令关门守城。副将领张旆要求出城迎战，被拒绝；守堡官张云程竭力相劝，被喝退；出城活动的百来个兵士想要回城，被拒门外。

二十一日，努尔哈赤大军兵临清河城下，努尔哈赤传令：速战速决。无奈清河城防守实在坚固，在各种火炮箭矢、滚木礌石的交织中，后金军损失惨重，不得不撤离城下。第一次猛攻失利。

努尔哈赤见城防严密，难以攻克，便决定进行招降。他派出了李永芳。

邹储贤虽然不是一个杰出的将领，但至少不是一个叛徒。

他断然拒绝了诱降，把李永芳大骂一顿。

招降不成，努尔哈赤下令再次强攻，却只是赔上了更多的性命，攻占再次失利。

后金军前前后后八进八退，从清晨战到了天黑，死伤达数千。

趁着夜色的掩护，努尔哈赤下令用板车挖墙脚，城墙因在白天的攻击中多受创伤，再经板车一挖，量变引起质变，清河东北城脚陷落。

小部分后金军从这个缺口进城，引起守军的慌乱，吸引了主力。后金军乘机堆尸登城。

邹储贤见状，知道自己大势已去，便一把火烧了自己的官衙，连同自己的妻儿和家仆。然后他披甲上阵，怒骂着挥刀杀向敌军，最终战死疆场。

二十二日清晨，后金破城，与城内六千明军和上万平民展开了巷战。斩杀军民数以万计。没死的壮汉成了奴隶，被运往赫图阿拉，剩余的柔弱者都成了无家可归的流浪汉。

占领清河城后，努尔哈赤又采用了同样的步骤：洗劫财物，然后"毁其城"，并烧毁了从三岔堡到孤山堡一带所有的房屋，未熟的庄稼喂马，践踏。

此后，从清河城到抚顺城，方圆五六十里，不见人烟。饿殍遍野，灾民流离。

正如曹操《蒿里行》所写：白骨露于野，千里无鸡鸣。

努尔哈赤没有曹操的文才，但这丝毫不影响他杀人的兴趣——屠刀过后，寸草不生。

清河之战，是后金与明朝两方间的第一次激战。后金尽管出动了八旗劲旅，损失仍然相当惨重。明军所表现出来的战斗力，守城有法，抗战志坚，没有一兵一卒投降，大大震撼了努尔哈赤及其部下，特别是在八旗部队中产生了“更三观”的影响。

优良的传统一旦承袭，便不会消失殆尽。它会在不经意间表露，在举手投足间释放，在生死悬疑时盛开。但终究是“夕阳无限好，只是近黄昏”。

再看后金军，八进八退的顽强，显示了他们优良的战斗作风；攻无不克的传奇，体现了他们超强的战斗实力。这是一支训练有素的强战斗力军队。

清河失守，与其说是因为主将邹储贤死守孤城的决策错误，倒不如说是在明军眼里，后金是死神镰刀，自己是麦草，能做的，只是任其割刈。

明军官兵对努尔哈赤军队，早已有心理阴影，闻风丧胆。邹储贤死守孤城，不敢外设伏兵就是一证。而他等，等来的也只是各路援军的怯战不前。不止你邹储贤怕他，我们也怕他啊。

援辽总兵麻承恩，在努尔哈赤统兵围攻清河城前两天就得到了消息，他只带着一千精兵，从沈阳进到开原，就不再前进。

右都督李如柏，也差不多同一时间得到了努尔哈赤兵攻清河城的消息，也不去增援，并且把驻防军队移走了，免得跟努尔哈赤撞上。等到清河派人来求救，才不紧不慢地动身前去救援。

不过说到李如柏，按人情讲的话，这倒不能全怪他不忠于职守。因为，毕竟努尔哈赤弟弟的女儿就是李如柏的妻子，说起来也算是亲家。姑且不提“奴酋女婿做镇守，不知辽东落谁手”，亲家对战，做晚辈的总得谦让一次。

当清河城沦陷后，明朝将领如李如柏、王宣、麻岩、郑国良、杨于谓等，才先后从四面八方赶到，看着一片废墟感慨着。

在清河一战中，守将邹储贤求救了那么多人，最后只有一个人及时赶来帮助了他。他就是叆阳参将贺世贤。他带着五千人，中途与后金军相遇，战了一场，互有死伤，杀后金兵百来人。不过，当他返回驻地时，却发现已是空城一座。原来千总带领新兵叛逃，商民也跟着逃了。

清河城的沦陷，逼得明朝不得不重新调整辽东守军的驻防。

努尔哈赤见明朝重新调整了边防，为避免大的死伤，便采取了流窜作战方式，小规模地骚扰明边。这一阶段，战局出现了相持的局面。

直到九月初，后金军在一次偷袭中被李如柏出其不意地反偷袭了一把，斩杀了七十多人。这算是李如柏比较拿得出手的战绩了。

努尔哈赤越想越气，于二十五号再次派兵深入明边。从抚顺关口出

发，一路杀掠到西北方的懿路，全长五十多里，俘虏一千多人，烧毁房屋几百间。

路经抚顺关时，他把抢掠来的三百平民杀死在关下，只留下一个活口，让他带了封信到明边关，信中说：你们要是认为我做错了，那就找个日子痛痛快快地打一场。如果认为我做得没错，就把金银财宝给本大爷送来。你们偷袭我的耕奴一百，我就杀你们的耕奴一千。你们难道能不出城，在城里耕田？

这是我听过的最强悍的，而且睚眦必报！

明朝虽然苦难，但是面对外敌，从来没有退让过。而且这个时候，明朝军兵征集也具备规模了。

面对努尔哈赤嚣张的气焰，万历横一横心，咬一咬牙，大笔一挥，出资二十万金，犒赏全军；颁发悬赏令，“大彰天讨”，鼓舞士气。

忍无可忍，无须再忍。明朝倾力出击，大战的乌云越聚越浓，积压着下边的赫图阿拉城，一场激战即将爆发，这就是历史上的“萨尔浒之战”。

第九章　人生能有几个萨尔浒

不太顺利的誓师仪式

抚顺与清河两城的沦陷，明军遭遇的前所未有的惨败，深深震撼着中央政府。先前朝廷官员还纠结的“战”或“和”的问题，此刻已经苍白。

无论是战是和，这一场仗势在必行。

如果是战，那就让这一场仗成为开始。

如果是和，那这一场仗将会使明朝在谈判桌上的底牌更大。

但是，这一场仗如果打输了，后果不堪设想。

可是谁能预料到最后的结果？特别是内阁那群连战场都没有上过的大学士。他们除了高调谈论皇帝的私生活应该节俭之外，哪里用过一丁点时间了解军事问题。

他们不懂，军队还是出发了。

万历四十七年（1619 年）二月二十日，辽东四路大军云集，举行誓师仪式，整装待发。统帅杨镐放眼望去是一眼望不到边的队伍，不禁被还未到来的胜利陶醉了。他慷慨陈词，表明胜利在握，后金与明朝抗争，只是以卵击石。

天有不测风云，东北大地突然下起了大雪，一夜之间，遍地银装，难以出行。无奈只得把行动日期推迟到二十五日。

二十四日，明军兵马未动，信使先行。杨镐派了一个女真人，前往后金下战书。书中号称明朝出动大军四十七万，将于三月十五日，分四路挺进。

杨镐公然将军队人数、进军日期、作战目标、军力部署通知了敌方。

此兵家之大忌，都是因为太自信了。

而杨镐此时对努尔哈赤的军队一点概念也没有，因为他从没有正面接触过努尔哈赤，而且，明朝的情报系统在十年之前就瘫痪了，他们最新的数据也是十年前的数据。他不知道努尔哈赤有多强，也不知道努尔哈赤有多少兵力，他想，我不管！我跟人打仗不用管他有没有兵力，反正都没我有兵力！

这是任何一个手握着十数万大军的人，难免会产生的一种“放眼天下，谁才是我的对手”的陶醉感。

何况是杨镐！

杨镐，万历八年（1580 年）进士，为人自负，不懂兵法，但擅长溜须拍马，靠着这一招，得到了提拔，被委以重任。作战屡战屡败，人生三起三落，虽然一看就知道不是作战打仗的料，但朝廷偏偏放不下他。曾在万历援朝的战争中谎报军情，差点被杀头。不过后来又被起用，又丢官。后金破抚顺，于是这样一个不会打仗的人又上台了。

努尔哈赤看完战书，就派了个人出来侦查，结论是战书稍有夸张，大致属实。

二十五日，杨镐兴冲冲地朝他眼前的胜利进发了，尽管启程那天，雪拥关塞，道路泥泞。

军队征战，照例是要杀牲口祭天的。而这斩杀牲口讲求的是一刀毙命，这样才寓意老天保佑。

可是偏偏在这祭天仪式上发生了意外。

手持尖刀的杀牛兵，朝着牛的要害处猛刺一刀，按理说，牛是该毙命了。但奇怪的是，牛不但没倒下，反而生龙活虎起来，几个按压牵制它的士兵都被甩了起来。

杀牛兵慌了，台下观看的士兵也慌了，杨镐更慌，命令再上两个士兵去压住牛，杀牛的士兵又刺一刀。牛精力费去大半，重重地喘着粗气，摇摇晃晃还是不见倒下。

杀牛兵不免有点中邪的感觉，台下的躁动不安更让他昏沉。看着这头不倒的牛，他一刹那间思绪万千，恍然苏醒，大喝一声，用尽了全身的力道，狠狠把尖刀再次刺向要害。

血流如注，牛终于倒下了。

一头牛，竟然要杀三次？！

不是因为时辰不宜，不是因为杀牛兵手段生疏没有力道，也不是因为这牛是黄飞虎座下的五色神牛。杀不死牛的原因只有一个——刀的问题。

在祭天仪式上，刀是至关重要的道具，可不是随随便便的普通刀具，更何况这还是远征大军的祭天仪式。所以这刀说不上万里挑一，也该是百里挑一的好刀吧，但就是这精挑细选的刀竟然还是这样一个质量？

说到这刀具，其实在祭天仪式之前还有一个节目，那就是武艺表演。

武艺表演，无非是图个热闹，活跃活跃气氛。

一个白袍小将，飞身上台，手持一杆金顶狼牙槊。

一个十几万人的动员大会，能在这样的舞台上露个面，而且是单独表演，那没点实力、没点关系是想也不用想的。

事实上，他便是总兵刘綎的义子刘招孙，当然，他也确实有两把刷子。

那杆槊在他手里舞得虎虎生风，台下的兵士带着各式各样的情绪观看着，有欢呼、有崇拜、有嫉妒、有愤恨。

突然，一个亮闪闪的东西从刘招孙身边飞抛出，吸引住了众人的目光，人们盯着那道抛物线，直到落地，顿时炸开了锅似的笑声一片。

刘招孙也感到了手头重量的变化，定睛一看，金顶狼牙槊上的槊头竟然没了！

槊头安静地躺在众人目光的聚焦处。

在各种情绪的笑声中，刘招孙终于打完了最后一式，匆匆抱拳离场。

回到后台，刘招孙细细打量手里的那根“狼牙棍”，想道：我真活该，放着义父为我量身打造的那杆不带，偏偏随手从军械架子上抽出了一杆……

明朝的兵器，半天之内竟然两次掉链子。拿着这样的兵器，你明朝怎么跟人家斗啊！

这场祭天仪式，杨镐颇感劳心，但作为统帅，杨镐有必要扭转众将士的关注点。于是他高举酒杯，发表了一通“虽千万人吾往矣”的表明伟大决心的言论，有效地挑动了军队的情绪。

紧接着，大会进入最后一个环节——选将。

杨镐端坐在帅台的虎皮高脚椅上，分别抽出四支令箭，以威严的姿态授

予如下四人将权和任务。

东路军从宽甸出发，由辽阳总兵刘綎指挥，率兵两万，会合朝鲜援军一万五千人后，攻打建州东部，直取赫图阿拉。

南路军从清河出发，由辽东总兵李如柏指挥，率兵两万，攻打建州南部，直取赫图阿拉。

西路军从抚顺出发，由山海关总兵杜松指挥，率兵三万，攻打建州西部，直取赫图阿拉。

北路军从开原出发，由开原总兵马林指挥，率兵两万，汇合叶赫部一万援军后，攻打建州北部，直取赫图阿拉。

四路军中以杜松的部队最为精锐，战斗力最强，是主力部队。

这四路指挥官虽然相貌、性格、能力等各不相同，但有一点是相同的：都是“官二代”。下面稍微介绍下各自的习性。

东路刘綎，将门虎子，父亲曾是都督。此人臂力惊人，能单手托起一张满盛酒菜的八仙桌；擅使大刀，所用镔铁大刀重一百二十斤，人送外号“刘大刀”。此人战功赫赫，曾多次镇压云南、广西等地的叛乱，参加过万历援朝的战争。但此人生性贪婪，放纵下属，曾因率众抢劫被降职。

南路李如柏，原辽东总兵李成梁的二儿子。李成梁下有九子，人们对他那些儿子们的评价是：一虎八狗。

虎，指的是大儿子李如松。剩下的包括李如柏在内都是狗了。

在这四路指挥官中，李如柏能力最次，却最心高气傲。凭着父亲李成梁的功劳，他年纪轻轻就进了重要部门——锦衣卫，从此开启他仕途上不学无术的高歌猛进。

能被他放在眼里的，只有两个人：皇帝朱翊钧和父亲李成梁。旁人都对他礼让十分，即使是万历，也对他礼让三分。对于他的惹是生非，万历多是睁一只眼闭一只眼。

错误照犯，职位照升。他发现每次犯了大错，回家小玩几天，回来不是贬职而是升职。一路玩过来，一路错过来，职业生涯遭遇了多次被免官，多次主动请辞，多次离职后的升官，从一个锦衣卫，成了现在的大将军。

在这次重新被起用之前，他已经有二十年没上战场了。

西路杜松，本次大军的一大亮点，原任山西参将，外号“杜太师”。

太师是明朝正一品官职，得到这个头衔的，除了万历朝的首辅张居正外，其余一般是死后追认。但杜松却得到了这个头衔，只不过不是官方颁赐。

他在镇守边界的时候，和蒙古各部打了百来场仗，每战必胜，蒙古各部实在是被打怕了，求饶又没用，听说明朝官员中太师最大，所以就叫他太师了。

此人相当勇猛，武艺高强，大小征战数百场，搞得自己浑身伤疤，面目狰狞，人们都不敢正视。

这个人长得虽是虎背熊腰，却是个小心眼，而且脾气暴躁。不过好在他不把脾气发向别人，只是常常苦了自己。

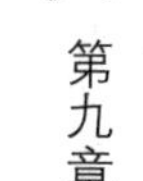

一次跟人吵架，他一气之下出家当了和尚，没过几天，忽地又还俗继续操刀。

再有一次因在战场上吃了点亏，受了点损失，本来无非打个报告，写点检讨的事，他闹着要自杀。自杀不成，又一把火烧了自己的军需库。这一烧，把自己的官职都给烧成灰了。

这次朝廷重新起用他，他一到总营报到，便大呼大叫道：我这次来，就是为活捉努尔哈赤来的，你们谁都别跟我抢！

后来的事实证明，这个光荣任务，谁也没跟他抢。

北路马林，原本是个文人，历史上关于他的记录就差不多这几句——“雅好文学，能诗，工书，交游多名士。”他的父亲马芳，算得上一代名将。但父亲的优良基因并没有遗传到儿子身上。

就这么一群人组成了领导层。

杨镐——迂腐、狂妄、臆想症。

刘綎——贪财。

李如柏——目中无人的大少爷。

杜松——神经质的小心眼。

马林——书呆子一个。

这样的阵容不由得让人倒吸一口冷气。不过还能有什么办法呢？一代不如一代，甭提“是骡子是马”了，就是像样的骡子也快找不着了。

而此时的努尔哈赤，这个打小就在东北混过江湖，在李成梁的手下当过兵，在黑龙江上杀过人，在松花江上越过货的女真首领，正在家门口部署着自己的部队，恭候着杨镐大军的大驾光临。

带着部队往地狱里冲的杜松

杜松颇有古代名将的风度，本来是个领兵打仗的好将领。可惜毁就毁在他那褊狭的气量上。

以这样的性格当将领，手下的几万大军也只能是凶多吉少。

杜松军驻扎在沈阳，原定于二十一日进军，因大雪堵路，无奈拖延了几天。

二月二十八日，出师日期刚一送到，他就急速挥军前进。二十九日下午便到达了抚顺城。

二十九日晚上，杜松下令起程，士兵手持火把，星夜赶路，以日行百里的速度，越五岭关，直抵浑河岸。

杜松为什么要这么急匆匆地进军?

原来他的小心眼病又犯了。

在出征前的军事会议上，对于出兵拟定的日期，他一针见血地提了几点异议：朝廷兵饷不济，士卒之间互不熟悉，将领之间的关系不协调，应再加演习，不便大举兴师。

杨镐可能之前还有点头脑，但李如柏一来，他的脑袋就转到李如柏身上了。事实上他把李如柏当作自己的脑袋，以李如栢的是非为是非。当时看不惯他的人就骂他："糊面丧气，甘为木偶。"

朝廷大学士担心十几万人驻扎着不进军，财政耗不起，就一个劲地催促行军。

一个拉，一个推，杨镐自然而然地就顺着走了，对于杜松的异议置若罔闻。

杜松见跟杨镐说没用，就派人带着信件秘密入关，请求朝廷暂缓师期，结果被李如柏查知，信件被截，送信人被打了十军棍。

二月十一日，在辽阳誓师的时候，李如柏在酒宴上向杜松敬酒，趁机讽刺他一句：你那么上心，无非担心头功被抢。你放心，我会把头功让给你，看你能不能把那个“酋奴”（努尔哈赤）抓回来。

杜松哪里有肚量来容忍这种话？当即拍案而起，想说却没开口，闷声举杯一饮而尽。

有的人，没本事，却能坏事。比如李如柏。

有的人，有本事，却也成不了事。比如杜松。

他这一气，西路军的三万人马就赶去见阎王了。

出师以后，李如柏又派人在杜松军中谣传：清河路已经进兵，马上就要抓住努尔哈赤了。

杜松一听急了，更加拼命地赶路。

虽然在过五岭关的时候，经过了后金两个村寨，杜松大大小小地跟他们动了会刀子，但这丝毫没有影响他进军的神速。当天夜里，大部队就横在了浑河岸上。

天寒地冻，又连续赶路，将士们都已是疲惫不堪，他们现在唯一渴求的就是闭上眼睡一会儿。监军张铨向杜松建议，驻营休整，明早过河。

这张铨是个读书人，庄重多谋。

但此时的杜松已是被“未来的胜利冲昏了现在的头脑”，对张铨的话付以轻蔑的一笑。当即命令手下探测水深。

大东北的二月，二月里的河水，手下就这样骑马下河了。冻的是战马。

手下回报：河水仅及马腹，另外，河边有几十只小船。

杜松又高兴了一把，痛饮三大碗，连喊“天助我也”。脱下战甲，骑上战马，就往河里冲。

“见龙卸甲”无论如何是悲伤的一幕。

众将士见杜松卸甲，出于安全考虑，急请披甲。

杜松笑骂：打仗披着盔甲，这岂是大丈夫所为！我从刚成年参军到现在，都不知道盔甲有多重。难道你们是想以盔甲来劳累我吗？

杜松作战深入敌群，又不披甲，这就是他浑身疤痕的原因了。

大军渡河，当大部分都走到河里时，上游突然决堤，大水汹涌而至。

总兵官赵梦麟心感不妙，极力劝谏，要求停止渡河。被杜松拒绝。

水位渐高，人人各自奔命，兵卒淹死在河中的近千人。运输大炮等重火器的辎重军队被阻截在了对岸，一条大河，把军队断成了两截。而这些过河

来的，浑身湿透，寒气逼人，围着火堆瑟瑟发抖。

这好端端的怎么就决堤泄洪了呢？杜松起初以为是自己运气太差，后来才知道原来是努尔哈赤做的手脚：他事先令人阻水作坝蓄水，等着给杜松这份见面礼。

三月一日，杜松一路往前，终于意识到自己的辎重（军备、粮草等）还在对岸，远远落在后头，于是决定，就地驻扎。

他驻扎的地方叫作萨尔浒。

这个地方，将成为明朝最不堪的回忆。

后金的谍报人员把侦查到的明军的行军情况源源不断地送到努尔哈赤手里，所以努尔哈赤对明军的动向掌握得一清二楚。

早在二月十五日，努尔哈赤就派出了一万五千步兵前往萨尔浒以东的界藩山，名为筑城，实则设防。另派四百骑兵游击于界藩山周围，作为机动。

努尔哈赤及众贝勒在反复研究、综合分析的基础上，外加个人直觉，又作出了判断：明军的主力部队是西路军，也就是刚刚渡过浑河向萨尔浒进军的杜松军队。

于是，三月一日，努尔哈赤又下定了决心，留下五百军兵守护赫图阿拉，亲率八旗大军赶往萨尔浒与杜松军决战。

这一天，杜松得知后金上万役夫在界藩山上筑城的消息，这在他看来是一笔即将到手的军功。

他把自己的部队分成两部，一部两万人原地驻守萨尔浒，等待辎重粮草的到来；一部一万人自己率领前去围攻界藩山的役夫。

当杜松率领军队由吉林崖攻击界藩山时，努尔哈赤的八旗大军赶到了。

努尔哈赤亲率六旗进攻明军萨尔浒大营，派出代善、皇太极带领两旗前往界藩山支援。

萨尔浒大营的两万明军步兵直接面对努尔哈赤六旗的四万五千骑兵，接战不多时，明兵便溃不成军，纷纷逃窜。

杜松的一万军队面对后金两旗的一万五千军队，鏖战多时，不落下风，甚至一度击败后金军队。但在吉林崖下休整期间，萨尔浒大营被攻破的消息传来，顿时军心大乱。加之攻打萨尔浒大营的六旗这时也加入了围攻的阵营，六万对一万，杜松军被重重包围。

困兽犹斗，杜松见待援无望，便想率军奋力突围。无奈八旗众贝勒因杜松顽强难以抵挡，下令兵士放弃杜军余部，专心围攻杜松本人，重重围困，使得杜松难以脱身。杀到最后是筋疲力尽，突然一箭射中头部，箭头穿透了头盔，杜松落马身亡。

似乎很容易地就看到箭矢射穿铁甲这个情景。之前努尔哈赤不也被这样射了一回吗？我们一方面感叹这神射手的功力实在强大，另一方面我们也感叹明朝这头盔制造得也是严重不合格。

杜松所率西路军虽然名为三万人，实际能战的连一半都不到，其中骨干力量是家丁，其余大部分都怯懦不堪。据战后统计，西路逃兵多达一万五千万人，逃回来的主要是萨尔浒大营和右翼营游击刘遇节所带的士兵。

由此可见，明朝统治阶级的腐朽，导致军无斗志，已经达到了何种地步。

中看不中用的三才太乙阵

一只南美洲热带雨林中的蝴蝶，偶尔扇动几下翅膀，可能在两周后引起美国得克萨斯的一场龙卷风。

这会儿，杜松的失败就如这只蝴蝶扇动了两下翅膀，将会在后继的几路大军中引起连锁反应。

首当其冲的便是——马林率领的北路军。

按杨镐的原定计划，马林从三岔口出发，必须在三月二日赶到二道关与杜松会合，然后向赫图阿拉进发。

事实上，杜松早到了一天，而马林迟到了一天。

杜松早到一天，我们都知道是因为他拼了命地赶路的结果。而马林为什么会迟到一天呢？

原来马林是初上战场，心存畏惧。作战不能退，那就把作战日期尽量往后推。

对于马林这样退缩不前的表现，他的下属开原兵备道佥事（监督巡查之职）潘宗颜多次规劝，还向杨镐打过小报告，说：马林为人，实在不是当将帅的料，请更换将领，否则我们就都完了。不过这个小报告终究是石沉海底了。

对于出发地点，马林发表了意见，坚持要从靖安堡出边。杨镐当然不会同意。

既然不能绕远，那就只能走慢了。杜松军是日行百里，马林军则是日行十里。出兵后的第四天，即三月二日中午，马林军仍然晃荡在三岔口外的稗子谷。

这时消息传来，杜松已经提前一天到达浑河，这才有点慌张，加快了速度。

这天晚上，到达了五岭关。

这时，杜松被歼灭的消息传来。

马林非常惊慌。也怪不得他惊讶，四路大军中最精锐的一支部队在一天之内被全部歼灭，任谁来都会惊慌失措，何况马林这个握笔杆子的。

马林似乎听到死神的脚步越来越近，几乎已经嗅到了死亡的气息。

逃？他想到了，一开始就想到了。但他做不到，不敢做。

等！他只有等——等待援军，等待叶赫援军。

既然接下来的任务是等，那就得做好防守的准备了。

马林虽然没有将才，但读的书多，读得多，却消化不了，消化不了就反刍。他看看地势，看看自己的军队，忽然想到一个阵法，于是就差不多几乎生搬硬套地套用上了。

这个阵法叫“三才太乙阵”，是十大古阵之一。

十大古阵，分别是一字长蛇阵、二龙出水阵、三才太乙阵、四象漯河阵、五虎群羊阵、六宇连方阵、七星北斗阵、八门金锁阵、九曲黄河阵、十面埋伏阵。

我们都知道三角形是最稳固的形状，而三才太乙阵的精妙之处就在于三足鼎立，形成一个“品”字，各自据守，互成犄角之势。马林转攻为守，把一个进攻型阵法改造成了一个防守型阵法。他不求立功，也没能力立功，只求活着走出去。

马林把军队一分为三，由他及下属潘宗颜、龚念遂各自带一支队伍，分别驻防。

马林率兵上万人驻防在尚间崖；潘宗颜率兵五千人驻防在斐芬山；龚念遂率兵五千人驻防在斡珲鄂谟。防御工程修得里三层外三层，几乎密不透风。大挖堑壕，并在堑壕外围布满了黑洞洞的火炮，来者便能叫他变炮灰。

马林作为长官，当然在兵力上、地理上都有优势。他把下属都安排在自己的西面，更靠近努尔哈赤的那一面。

努尔哈赤虽然人多势众，但面对这阵形，这防守，他也没有霸王强上弓——以手下的尸体换取战斗的胜利。

所谓的天衣无缝，只是因为还没有发现缝隙。努尔哈赤经过细心侦查、分析，马上就发现了这个阵形的突破口——龚念遂分队。

这龚念遂部队本是杜松军的辎重部队，算上伙夫、马夫，共计三千人，因到浑河时没来得及渡河，所以滞留在了后头，与马林军会合。马林另派李希泌领兵两千，协助龚念遂驻防斡珲鄂谟。

这五千人的战斗力很弱，只能依靠火器营的火炮进行远距离防御，因为大炮不能调近射程。而火器营的战法，主要是戚继光所创的炮车阵。这于后金兵而言，已经是相当熟悉的炮阵战法了。

努尔哈赤要做的，就是近身攻击，速战速决。

三月三日清晨，努尔哈赤带着三倍于马林的军队朝他们冲过来。命皇太极率领三千兵士快攻龚念遂。

皇太极率兵刚一接近，炮弹如雨，在眼前炸开了花。

皇太极急停，等炮阵发射完一轮之后，瞬间发起冲锋。冒着炮火和箭矢，以最快的速度冲到营寨前。

在如此近距离的情况下，大炮成了摆设。明军只有短兵相接，菜鸟对骨灰。

几根烟的工夫，龚念燧分队就被摆平了。

努尔哈赤正优哉游哉地骑在马上看完自己的儿子皇太极的英勇表现，就率军前往尚间崖的马林大营，看着这里三层、外三层，三道战壕，布列火器的防备，连努尔哈赤也不得不感叹一句，真是防守严整啊。

努尔哈赤当即命令“先据山巅，向下冲击”。三位贝勒各率兵急进，冲向马林营。营中明军发火枪，放巨炮，但“火未及用，刃已加颈”。两军短兵相接，骑兵横驰，利刃飞舞。

酣战之际，马林见形势不妙，实在没办法，只有逃了。

将军一逃，群龙无首，军心溃散，不战而亡。其中马林的两个儿子——马燃、马熠，也战死。

努尔哈赤攻下尚间崖马林营，又马不停蹄地杀向潘宗颜营。

潘宗颜一方战车置于阵地前边，枪、炮位列左右，形成野战之城；努尔哈赤一方则是重甲兵在前，轻甲兵在后，另有轻骑兵在远处待战。

对于努尔哈赤来说，这一场战是三场战中打得最艰难的一场。因为潘宗颜一方是抱着誓死的态度来打的——我连死都不怕了，我还会怕什么？后金八旗兵“死者枕藉”，而潘宗颜军则越战越勇，严重挫败了努尔哈赤速战速决的作战方案。努尔哈赤无奈，只得“以尸体换胜利”，团团围困，把对方拖得筋疲力尽，最后又是以一支箭结束了战斗——潘宗颜背中一箭，壮烈牺牲。

明朝因为马林的父亲马芳会打仗，就赶着马林投笔从戎也上了战场。事实证明，虎父并非不会生下犬子，所有投笔从戎的文人并非都能当个好将军。这一点，万历先前不知道，后来知道了，但太迟了。

马林无能，潘宗颜是一眼就看出来的。潘宗颜这个人还是挺耿直能干的，那种誓死不降、战到最后的精神也是可歌可泣的。据说连后金兵都对这样的对手肃然起敬，战斗结束后对他予以厚葬。潘宗颜早在出发时就对杨镐建议过易将，但杨镐不听。

马林与努尔哈赤两方的综合实力，不用对比都知道，优势明显不在马林这边。只看军队人数，努尔哈赤就三倍于马林。在这样的情况下，马林还自作聪明，分兵摆阵，自然兵单力弱。事实上，三才太乙阵丝毫没有发挥其功用，只是更快地加速了北路军的灭亡。

马林出发时畏首畏尾，在出边地点的选择上计较再三，又迟疑坐困，贻误军机，使杜松军失援。当马林陷入危机时，他翘首企盼的叶赫，也表现出了同马林一样的状态。原本叶赫是答应出兵一万的，可是到了出兵的日子连半个人影都没见到，直到三月三日马林被困那天，叶赫才象征性地派了两千人，慢吞吞地散步到了到三岔口北边，驻留时听到了马林被灭的消息，不等上级传令，就火速打道回府了。

激战两天两夜，后金八旗大获全胜。明朝四路大军只剩下了一半。

委屈死的刘绖东路军

击败左路两支明朝军队后，努尔哈赤举行了一场祭旗仪式，然后便留下四千守城兵，率领八旗，挥军向东，迎击刘綎。

对于剩下的两路明军，努尔哈赤依然保持冷静的头脑，坚持一贯的作战风格——集中优势兵力，以众击寡，各个击破。

刘綎是块打仗的料，之前在四川当官，手下培养了上万精兵，能征善战，战绩辉煌。不过指挥东路军的刘綎是辛酸而愤懑的。看看他的军队，说得好听点，就是杂牌军；说难听点，就是老弱病残。

曾经沧海难为水，刘綎是带过好军队的，这会儿突然让他带这么一支东倒西歪的队伍，他当然有气。

他当即表示，我要换兵。明朝哪有兵给他换啊。杨镐直接拒绝。

当时的军人最会的一招就是打小报告。刘綎也会这招，他绕过了杨镐，直接上书万历，请求调集他在四川的兵。

万历同意了，下令兵部，迅速照办。

既然皇上都同意了那就办吧。于是兵部照办了，但办得却是一点也不尽心。

明朝末年的腐败现象之一便是吏治败坏，官员不肯为国尽职。兵部接旨后，办事迟缓，催兵不力。刘綎等了几个月，兵马却只调集来了三四千人。

杨镐原本就不想征调外省的军队，对于刘綎的迟迟不出关，心里很有看法。而刘綎却对出师的日期大发议论，认为师期太早，不得天时，应改在四、五月份。

刘綎的种种要求和意见终于触怒了杨镐，逼得杨镐动用了军令，并派了两名亲信——守备官于承恩和游击将军乔一琦监督作战。

刘綎迫于军令，只得带着家丁和已经到达的几千川兵和一队杂牌军出发了，外加朝鲜外援一万三千人。

别看朝鲜出兵还挺多，刘綎看着这一大群人可是心酸得差点没哭出来：

他们的装备、盔甲竟然如此不堪，头盔竟是藤条编成的。手上的刀，从依稀的锈迹上幸好可以确定不是木头做成的。

朝鲜兵之所以配备这样的装备，一方面确实是因为穷，另一方面则是出兵不情愿。

朝鲜答应出兵，是因为朝鲜国王在“壬辰之变”（1592年，倭寇侵略朝鲜王国）中受过明朝救援的恩，明朝拿着这段往事去求助，国王无奈，不得不答应出兵。朝鲜大将姜宏立是一万个不愿意，甚至在出师前向国王请辞，但没被允许，只能勉强带兵了。

所以朝鲜这一万三千人，只是凑人数的。刘綎不在意，甚至都撇下不管了。

如果站远处看这支队伍，你会发现，这支队伍分成三节：整齐走在前面的，是刘綎及家丁和他的川兵；分开一段乱哄哄地走在中间的，是来自全国各地的那支杂牌军；懒懒散散远远落在后面十几里的，是姜宏立带领的朝鲜军。

如果站近些看，你会发现，这群人身体素质千差万别，但有一个相同点，那就是一个个紧锁眉头，情绪消沉。除了这些人，你还会发现，这支队伍竟然没有大炮，甚至辎重部队也容易被忽略掉。

火炮几乎是明朝战争必不可少的道具，其他三路都有火炮，为什么刘綎这路会没有火炮呢？可能是杨镐为他好，怕他路远，推着火炮赶路慢吧。

辎重不足，粮食有限。出发没几天，便断粮了，“三军不食，今已屡日”。

向上级反映，配粮的官员却迟迟不见有反应。

没办法，他们只能四处寻找村落，掠夺粮食，也不管违不违反军纪了。朝鲜人多，断粮最早，平时一路落到最后，只有饿了才会赶上刘綎，问他拿点粮食。

刘綎率军翻越长白山，本来就不容易，而且他距离赫图阿拉最远，又是在重山之间，信息闭塞，所以当他一路上辛苦地摧毁后金设置的障碍的时候，没有得到任何其他三路的消息。事实上，西路杜松军和北路马林军这时都已经战败了。

虽然说刘綎已经很努力地往目的地赶，可是直到三月四日，他才赶到距离赫图阿拉近五十里地的浑河支流太子河附近。

这个时候，西路军杜松派人带着令箭来传信了。

等等，这个杜松不是已经死了吗?

的确，杜松死了，而令箭被努尔哈赤捡了。努尔哈赤探知刘綎军的位置后，便派了一个投降的明兵带着令箭来传消息了。

来使说：杜将军已经抵达“奴酋”都城赫图阿拉，请您快快过去，以便一同攻城。

刘綎很生气：我们同为将军，他拿令箭向我传令，难道我是他的副手吗?

来使：令箭虽然是号令副将用的，但实际上也不常用，只是因为事态紧急，所以用它取信罢了。

刘綎带着疑虑：出师的时候四路将军约定好的，以传炮为信号，如今兵临城下，为什么没有听见炮声?

传炮为信是杨镐给四路将军定下的，明兵是不知道的。来使听后一愣，但立刻缓过神来，随机应变道：边塞之地烽火不便，况且这里距离“奴酋”都城五十里，若三里传一炮，还不如骑马更为快捷。

刘綎看不出什么破绽，这才相信，命令部队火速前进。

刘綎可以算是一个小心谨慎的将军，但没想到使者更是一个机巧善辩的能人。只是这样的人在明朝只是一个不战而降的士兵，而在后金却成了灭亡东路军的一个功臣。

刘綎军火速前进，朝鲜兵依然晃悠在几里之外的最后面。

当大军接近富察之野(今辽宁桓仁富沙河铧尖子一带)的时候，果然听见炮响三声。刘綎更加坚信来使的话了，督促加速进军。又进二十里，炮声连连，一阵紧似一阵。刘綎心急如焚，唯恐战功都被杜松抢了，下令猛进。

到达富察时，迎面来了一支队伍，将旗上写着一个大大的“杜”字。明军以为是杜松的军队，就放松了警惕。

这支队伍什么也不说，问话也不答，径直走进刘綎的队伍中，举刀就砍，毫无防备的明军一下子就被打蒙了。

就在明军还没弄明白状况的时候，周围山林里响来了震天动地的喊杀声，后金军队像潮水般从四面涌来。

刘綎这才意识到自己中了埋伏，慌忙指挥手下，仓促应战。

刘綎抡动大刀，以一挑二，与两位贝勒代善和皇太极战斗。激战多时，不分胜负。两位贝勒佯败而逃，刘綎猛追，直追到了二贝勒的军队包围圈里。

刘綎左臂中箭，他拔箭再战。一面大刀砍向刘綎的脸，刘綎一面挥动手中镔铁大刀阻挡另外几名后金兵的尖刀，一面躲避那面大刀，无奈人多手杂，刘綎应接不暇，大刀寒光一闪地划过了刘綎的面颊，鲜红地削去了刘綎半张脸，刘綎感到一阵剧痛，但无暇顾伤。扬起大刀，一刀把那个后金骑兵斩于马下。

就在这扬刀斩杀的一瞬间，他的门户大开给了旁边后金兵以可乘之机，数把尖刀齐刷刷地捅入他的身体。尖刀穿心，刘綎跌落马下，气绝身亡。

刘綎义子刘招孙急忙赶来，一刀一命解决了几个后金兵，飞身下马，背起义父，手持单刀，与后金兵拼杀，最后被后金兵拖得力竭而死。

刘綎大军溃败，将领死的死，逃的逃，只有乔一琦不愿做逃兵，带着几百人成功突围，奔向几里之外的朝鲜大营。

刚一跨进大营，后面代善就带着一万人马赶到了。

朝鲜兵披纸作甲，柳条为胄，又饥馁数日，不战而降，约定五号签订盟约。

乔一琦无可奈何，也没有责怪他们，只是留下一封遗书，让家丁转交他儿子，独自走出军营，投崖自尽。

百年之后，乾隆得知这一历史事件，大为动容，下诏赐乔一琦谥号“忠烈”，以示对这位明朝忠臣的敬佩。

李如柏：我只出来画句号

至此，三军覆灭。现在只剩下最后一路军——李如柏军。

三月一日，李如柏从清河出发，目的地是赫图阿拉。

这段路在一年之前努尔哈赤攻打清河城的时候刚被烧过一次，所以地面障碍很少，而且距离赫图阿拉最近，如果按照当初三月初三集合赫图阿拉的计划来看，李如柏是最轻松的一个。

当初，努尔哈赤从赫图阿拉出发到清河城，花了一天时间。

现在，李如柏从清河出发到赫图阿拉，花了三天，连一半路也没走完。不慌不忙地误了师期。

三月二日，杜松、马林两路覆灭，杨镐急忙下令东路和南路退兵。

百里加急，没几天，令箭就传到了李如柏的大营里。

李如柏做了一回风一样的男子，以最快的速度回到了辽阳。

杨镐虽有偏心，但他确实是同时下了退兵的命令给东、南两路的，为什么只有南路收到令箭，东路却没有呢?

因为，南路实在走得太慢了。而东路，在三、四日两天就和后金兵开打了。当时副将建议李如柏增援，李如柏听而不行，依然驻兵不动。刘綎最终全军覆没。

随着李如柏的退兵，萨尔浒之战落下了帷幕。

萨尔浒之战，明军四路出击，三路败北，四个总兵战死，官员阵亡三百一十余员，兵士战死四万六千余名，丢失马骡驼四万余匹，遗弃火器等武器两万件。

为期五天的萨尔浒之战以后金大获全胜这一出乎意料的结果而结束，这是明朝第一次对后金发动的全面进攻，也是唯一的全面进攻。从此，明朝在对后金问题上一直都处于战略防守的态势。

萨尔浒之战成为明金政局的重大转折点，努尔哈赤及其所代表的势力，冲破了两百年来朱明政权的旧格局，摆脱了对其称臣的历史陈迹。

对于新王朝来说，萨尔浒之战起着助产婆的作用，史学家也不能不承认其历史地位，大清从此“王业成矣”。

战后，该庆功的庆功，该问罪的问罪。

后金上到旗主贝勒，下到普通军士个个兴高采烈，他们都准备着好好欢庆一番胜利，闹个三天三夜，不醉不归。

但努尔哈赤却给将士们的心头泼了一盆冷水：战斗还没有结束，各旗把守要塞，加强戒备；另外，派出探子进入京城打探消息，一有情况随时来报。

而明朝则开始了问罪。

问罪的对象有三个：马林、杨镐、李如柏。

马林是个例外，人家不是没有打，是打不过，没办法才跑到了开原。

所以万历说：你马林给朕把开原守住，就算戴罪立功了。所以马林没事，不过他也很快就战死沙场了。

李如柏呢？朝廷的言官们一致认定，李如柏有通敌卖国的嫌疑，要求制裁。

言官干什么的？找碴儿的。而且，在明朝中后期，言官的威力非常之大。

当时有“清议”一说。

“清议”本来是东汉就有的，后来一旦皇帝无能，宦官或者外戚专权，一帮儒家道德的官员就会自动形成小集团，来和宦官以及外戚对抗。

对抗本来是好事，可后来变味了，变成了为“对抗”而“对抗”——也就是说，不管你朝廷有什么决定，我们都反对。

万历“宁信其有，不信其无”，罢免了李如柏的官职。

李如柏不堪忍受领导、同事、下属鄙夷的眼光，终于有一天在家里悄悄自杀了。

对于他的自杀，言官们一致断定：

畏罪自杀。

还剩下一个杨镐。

言官们的结论：杨镐不但能力有问题，而且人品也很败坏。

因此，杨镐被投进了大牢，判处死缓。

不过这个死缓却也刷新了纪录——缓期十年执行。

直到1629年，明朝最后一任皇帝崇祯执政后的第二年，杨镐才被从老家押回京城执行斩首。

犯了这么大的罪还能养老十年，死前还能享受天伦之乐，不得不承认杨镐确实有通天的本领。

明朝之败，祸起萧墙

明朝为什么战败？对于这个问题，有许许多多的原因。但归根结底，最关键的一点就是：明廷的战败，不在努尔哈赤如何强盛，而在萧墙之内。

明廷朝政腐败，日趋没落。万历朱翊钧即位初期，因有张居正的辅佐，一时之间似乎出现了中兴之象。后来张居正离职，万历便逐渐废弛朝政，晚年几乎从不过问。

努尔哈赤攻打海西女真时，万历养尊处优，隐居深宫。边事告急，奏牍积山，朝臣奏请临朝，商议军饷，他死活不肯上朝。

大臣无奈，竟把如何请出皇帝当作守边议饷的第一策。

国子监署事司张鼎抱怨道，今日见皇上一面，如大旱之求时雨。户科给事中官应震责骂万历“利令智昏”。

在抚顺、东州、马根丹等地相继沦陷，清河失守后，朝臣奏疏“章满公车”，万历迫不得已露面，却也留中不问，召开朝臣会议不过是走走过场。征战无饷可用，万历过一次生日却要花费数万金。军饷匮乏，就往民间征收各种苛捐杂税，收效甚微。廷臣屡请，万历不得已发了内帑十万。这十万军饷是个什么概念呢？一个成语就可以描述得很到位——“杯水车薪”。也就是有一车的木柴着火了，万历给你一杯水，让你去浇灭它。

万历大部分时间用来饮酒作乐，每晚必饮，每饮必醉，每醉必疯，喜怒无常，草菅人命。上行下效，所以文臣武将多不以国事为念，一味徇私贪贿。

对于辽东的战守问题，朝廷从无定策。辽东每陷一城，万历就着急一时。一转身，就好了伤疤忘了痛，继续饮酒作乐，得过且过，敷衍了事，麻木不仁。

对比之下，努尔哈赤与众贝勒大臣，则就兢兢业业了。努尔哈赤逢五上朝，在大衙门聚集商讨。父子君臣，同心勠力。这也难怪，新生事物总是会比较朝气蓬勃的。

从战略方针看，明军兵分四路，目的是想分进合击，造成后金顾此失彼，疲于奔命。

但是，这个战略方针是建立在杨镐等人指挥无方和将心不一的基础上的。结果是杜松孤军冒进，马林畏葸不前，刘綎含怨跋涉，李如柏逗留观望。四路军远的相距七百里，近的相距三百里，各自孤立，首尾不顾。

明廷各军分而不合，正中努尔哈赤的下怀，集中优势兵力，各个击破。

从将领素质看，明军将官中早已互不信任，矛盾重重。早在萨尔浒战役之前“壬辰之变”的援朝战争中，萨尔浒之战的主要将领就曾入朝参战，那时分别以刘綎与杨镐为代表的南将与北将，关系就非常紧张。朝鲜王国官员李恒福就说：“明军南北众将，猜隙已成。”

杨镐才气平庸，轻率寡谋，援朝战争中，他偏听李成梁之子李如梅摆布。萨尔浒战役中，杨镐担任经略，手执尚方宝剑，统领四路大军，而他又偏信李成梁之子李如柏的指令。李成梁九子，“一虎八狗”，你觉得这李如梅、李如柏有多能干？事实上，援朝岛山一战，明军大败，损兵两万，杨镐却谎报军情，向朝廷奏了捷报邀功。后来事情败露，差点被斩，全靠首辅赵志皋营救才勉强捡回一命。

不过就是这样一个人，后来竟然还能翻身，还在这场决定明朝生死的萨尔浒之战中担任经略。官官相护的猫腻，一想便不寒而栗。

从士兵素质看，士兵畏敌不畏将，将领一死便树倒猢狲散。萨尔浒之战中，杜松军初战告捷，但是因为军纪涣散，士兵都争着抢割首级，使后金兵得到了喘息机会。

杜松西路军出兵 2.5 万多人，逃回 1.4 万多人，占参战人数的 56%。

马林北路军出兵 1.5 万多人，逃回 1 万多人，占 66%。

更有将官率兵逃阵，李如柏、马林、刘遇节、王捷等都是公开避战。

相比之下，八旗兵作战时，有进无退，努尔哈赤军纪严明，即使是亲族子弟违犯军纪，也必处罚，所以临阵脱逃的极少。

祸起萧墙，明朝已是积重难返。

战后的明朝，民无仇敌之气，军无求战之心，将帅少而怯战，兵器劣而不足。

萨尔浒之战后，京城内外，人心动摇，流言四起，遭遇了严重的信任危机，人们纷纷逃离北京。又有各种教道，巧立名目，妖言惑众，一时京城混乱不堪。

民心如此，军心更乱。战后，明朝本想招兵 18 万，再次征伐。可是三军丧胆，闻虎色变，逃兵日以百计。

从此，军心不稳成为明军屡战屡败的不治之症。

萨尔浒一战，共阵亡道、镇、参、游、都司、通判等各路官员 310 多人，造成明军将领奇缺。

战后，努尔哈赤令兵士打扫战场，得到的各种武器如刀、枪、弓、铳分在八处，堆积如山，占明军库中武器的60%~70%。努尔哈赤下令把这些武器毁改粗铁为精铁，使刀能断铁，矢能透甲。

而努尔哈赤的八旗兵经过这一战，人数非但没有减少，反而增加了不少。战前八旗人数近6万人，其中精兵3万。战后，收明朝降兵1万多人；分发战场捡来的武器给建州各部，又增加可战斗兵力2万人；乌拉、东海等部望势归顺，得到3万人。努尔哈赤统兵已近10万。

萨尔浒之战，武将的失败，给言官创造了舞台。

毕竟朝堂是很懂写检讨的，言官们在朝堂上掀起了“清议”的浪潮。

可是以官员道德为衡量标准的“清议”不能给明朝在辽东的局势带来任何帮助，相反，因为明朝廷迟迟不能做出反应，使得努尔哈赤能够抓住机会，发动了又一次战役。

这一次，在萨尔浒战役中逃跑的马林，没有能够再一次逃跑。

第十章　席卷东北

开原铁岭继续丢

萨尔浒之战后，努尔哈赤丝毫不敢松懈，时刻观望明朝动向。

他派出了大量降兵作为间谍，把自己的眼线安插在明朝的各个角落：这些间谍装扮成小商小贩、游食、僧道或百工技艺，甚至混进了明朝军队、官场；活动范围遍及明朝大地，几乎有人烟处就有后金间谍。

按理说，明朝应该立刻重新布置东北的防御，重新任命东北的官员。可是两个月过去了，明朝愣是没有一点动静。

事实上，明朝确实准备重整旗鼓再打一仗，并在几个大臣之间商讨了相关事宜。不过后来因为军心不稳，武器缺乏，军饷筹集不到，不得不放弃征剿计划。

而明朝内部的这个计划，也被努尔哈赤知道了。他在明军可能经过的道路上，设险驻防，前前后后忙活了一个多月，直到情报再次传来，确定明军不会打来了，才撤兵归寨。

这个情报就是，明朝现在正忙着讨论如何处置杨镐，没空管东北的事。

努尔哈赤放下心来，抓住这个机会，趁萨尔浒大胜的气势，开始了新一轮的征战。

万历四十七年（1619 年）六月，萨尔浒战役结束后第三个月，努尔哈赤率四万军队进攻开原。

大军出发之时的方向不是开原，而是沈阳，这是努尔哈赤的惯用策略：声东击西。就当明军以为努尔哈赤的目标是沈阳的时候，努尔哈赤突然调转马头，直冲开原而来。

十五日夜，后金军兵临开原城下。

开原城的将领是马林，三个月前在萨尔浒被努尔哈赤击败后逃到开原。

马林知道自己的实力不济，所以他和蒙古部宰赛达成协议，协助守城。

但是努尔哈赤收买了宰赛，派遣了间谍进入开原城。

后金军队攻城的时候，混入城内的间谍打开了城门，后金军队一拥而入。这时该有一个镜头慢慢移近，渐渐聚焦于马林。

亲信围聚着马林，慌慌张张地建议他弃城逃跑。马林断然拒绝：随我赶往城楼，与后金决一死战！

几个亲信都愣住了，他们心中那个贪生怕死的主将忽然在眼前变得陌生起来。当然，他们不会理解，人在遭遇一次重大挫折之后，不是一蹶不振，就是心性大变。他们不理解，是因为他们还没有遇到这样的挫折。

不等他们反应过来，马林就提起刀冲出门去。

明军对阵后金兵，终究是以卵击石，即使这个蛋是煮熟了的。

明军节节败退，城门被破。

明军将士恳请马林撤退，马林湿润苦涩地看了他们一眼，说：

我已经累了，不想再逃了，就在这儿吧。

开原陷落。

开原是东北地区的一座古城，人口众多，财产、玉帛多达“数百万”，比抚顺有钱得多。当年运送抚顺和清河两个城市的财物努尔哈赤花了五天，这次运送开原一个城市的财物，努尔哈赤却花了六天，四万人的骑兵搬运着东西，来来回回一共跑了六趟。

后金军队在开原驻扎了三天，分配完财产和奴隶，弃城而去。

此时的东北已经被努尔哈赤扫荡一空，辽河以东的明朝据点只剩下铁岭、辽阳和沈阳三座孤城。

因为铁岭距离开原最近，所以努尔哈赤马不停蹄，率大军朝铁岭而来。

在明朝这会儿，有一个人不得不提，他也是从铁岭走出来的。

他就是我们前面经常提到的李成梁。

李家的祖宗、祖坟都在铁岭，李成梁一生的精华也在这里，他的几个儿子也基本在他父亲的家乡工作过。

而李如桢是最后一个在东北工作过的李家后代。

李如桢这个时候担任的是辽东总兵。

这真是一个奇怪的现象，朝堂上下一致认为李如柏有通敌卖国之嫌，却还让这嫌疑犯的弟弟继续担任这么重要的一个官职。

李如桢是李成梁的三儿子，是与二儿子李如柏走得最近的一个，连性格能力都差不多。

当努尔哈赤攻打开原时，李如桢军驻扎在沈阳，他以万历为榜样，每天过着醉生梦死的生活。副将贺世贤实在看不过去了，就建议出兵支援。

贺世贤不厌其烦地建议，终于打动了李如桢，同意支援。因为人都是烦不起的。

李如桢挪了挪屁股，没走几步就又坐下了，安营扎寨在团山这个地方。

贺世贤又催，李如桢只得又走，走到十方寺堡，李如桢无论如何也不前进了。他的理由是天在下雨。

最后就这样眼睁睁看着开原陷落。

七月二十四日，努尔哈赤统军向铁岭进发。当后金军队还在铁岭三十里外时，铁岭守将就把后金军队的动向通知了李如桢。

李如桢得到消息后，一拖再拖，无可奈何地动身，路上以最慢的速度朝铁岭方向走挪去。

原本这路程是一天就可以到达的，但李如桢军队却走到二十五日晌午还在走。确切地说，是在路上休息到二十五日晌午才又开始走。

而努尔哈赤的军队在二十五日早上 4 点左右就攻到铁岭城下了，用了五六个小时就打下了铁岭。

李如桢在二十五日傍晚 5 点左右出现在努尔哈赤探子的视野里，探子回报，努尔哈赤便整队准备应战。李如桢却在距铁岭十五里左右的地方安营扎寨，任贺世贤怎么规劝，他就是不肯接近铁岭城。

二十六日，一支一万多人的骑兵朝着铁岭奔来，一路尘土飞扬。

他们是援军但不是明军。

他们是来自蒙古喀尔喀五部中战斗力最强的宰赛部。

提起宰赛，第一印象可能就是开原陷落时他的背信弃义。

没错，马林确实被宰赛背叛了一次。但这次，宰赛确实也援助了铁岭。

你别以为是宰赛良心发现，痛改前非。

其实一切以利益为主。开原陷落而宰赛不前去支援，那是因为明军主力不在，自己一去就是肉包子打狗。而铁岭陷落，宰赛认定辽东总兵李如桢大军会来支援。因为这是他的家乡，是他父亲李成梁的老家，是他李家祖宗十八代生活的地方。

但是，这终究只是宰赛的一厢情愿。

李如桢大军坐山观虎斗，看着宰赛军队被后金兵打得落花流水，仓皇而逃。

宰赛兵败后，李如桢终于行动了，率领军士冲了上去。

不过，他们不是冲上去攻打后金兵，而是去割取死去士兵的首级，一共割取了一百七十多个，以此冒认军功。

李如桢的怯阵无能，一时之间，在八旗兵中传为笑谈。

李如桢因避而不战、冒认军功被罢官入狱，判了死刑。崇祯上台以后，考虑到他父亲李成梁的功劳，把死刑改成了发配充军。

开原、铁岭相继沦陷，这都发生在朝廷讨论关于如何处置杨镐的时间段中。

讨论一个人的生死，葬送了千万人的性命。

杨镐非但不能立功赎罪，反而使开原、铁岭相继失陷。朝廷大臣再一次惊慌失措，终于下定决心派出了一个人来接替杨镐经略的位置，将杨镐逮捕入京问罪。

这个人叫熊廷弼。这个人的到来暂时稳住了辽东的局势，使明朝得到了短暂的喘息之机。

熊廷弼的来与去

八月三日，熊廷弼在接到朝廷下发的接替杨镐出任辽东经略使的调令后，率领八百骑兵匆忙出关。八月十三日，杨镐被逮捕入京问罪。

熊廷弼，字飞白，湖广江夏（今湖北武汉）人，从小爱看书，什么书都看，尤爱兵书，学习成绩相当不错。万历二十五年（1597 年），也就是他二十九岁的时候，在乡试中考了第一名，第二年就中了进士，当上了御史。

提到“乡试”“进士”，我觉得有必要聊一聊明朝的科举制，同时旁证一下熊廷弼确实是“成绩相当不错”。

明朝科举，考试分为三级：院试、乡试和殿试。不过实际上在殿试之前还有一考，称为会试。

参加院试的考试者称作“童生”，当然童生并不意味着年纪小，实际上一些胡子花白、七八十岁的童生大有人在。院试的考试范围是州县，考试合格的人称为“秀才”。秀才，放到今天，差不多是普高高中生，所以院试差不多就是中考。你可以对比着想想难度系数。

考上秀才后，你便摆脱了平民身份，成为一个知识分子。你可以享有一些特权，如免除徭役，见到知县大人不用下跪。

下一级是乡试，这是省一级的统考，三年一次，一般在八月，而且报考名额有限。在这场考试中合格的人称为“举人”，而像熊廷弼这样考试得第一的人称为“解元”。

考中举人就有了做官的资格。

关于举人大家应该不会陌生，因为很早就学过或听过“范进中举”的故事。范进，从三十岁开考，考到五十四岁才中举。也就是用了二十四年，才等来了当官的资格，这样发点小疯也实在可以理解。中举之后，瞬间高大上了，个人声望直线提升，各种乡绅土豪，纷纷送礼，连上级官员都对他是礼让三分。

在下一级殿试之前，还有一场选拔赛，称为会试。各省的举人聚集京城，如果都要参加殿试，那皇上肯定忙不过来。所以先参加会试，选出成绩最好的三百人，由这三百人参加殿试。会试考试过关的叫作“贡士”，而第一名称作“会元”，是三元（解元、会元、状元）中的第二元。

终于到最后一道考验了——殿试。殿试是由皇帝亲自主持作试，内容为策问。至子策向，最为著名的是汉代董仲舒凭着号称“天人三策”的《举贤良对策》得到了汉武帝的赏识，开始了“罢黜百家，独尊儒术”的运动。

根据考生的表现，皇帝划分档次，一共分三甲。

一甲三人，称进士及第，分别是状元、榜眼、探花。

二甲若干，称赐进士出身。

三甲若干，称赐同进士出身。这就相当于一个安慰奖。

清朝权倾天下的曾国藩便是“赐同进士出身”，所以这成了他的心病，对这个称谓讳莫如深。

总之，熊廷弼确实是个成绩相当不错的人。

但是，往往一个人的智商和情商是互成反比的。熊廷弼就没能逃脱这个规律。他这人情商不高，所谓的情商，不是专指爱情方面的能力，而是各种交情的处理。

熊廷弼这人就不善交际，而且脾气暴躁，口无遮拦，很会损人，很有点张飞的味道，结果就是当了二十多年的御史都不见升官。

万历三十六年（1608 年），熊廷弼调任辽东巡按御史，一上任就和当时坐镇辽东的矿监高淮产生了矛盾。

后来，又因辽东巡抚赵揖、总兵李成梁放弃宽甸八百里拱手让给建州，并将六万居民的房子烧毁，强迫其迁入内地，熊廷弼上书万历弹劾，称李成梁“其罪可诛”，不惜得罪了辽东这第一大家族。

在熊廷弼看谁不爽张口就骂的性格惯性下，张鹤鸣是躺着中枪最严重的一个，心灵创伤历久弥新。这张鹤鸣后文还会介绍到，他也算是对熊廷弼的结局起到大作用的人。

除却性格，还有一点，也是关系到熊廷弼官场社交的重要因素——党派。明朝中叶以后，党派林立，当时声势最大的就是东林党，在朝廷中占了半壁江山。与它对立的，有浙党、齐党、楚党、宣党、昆党等主要以地缘关系结合的党派。不过后来这些党派，在魏忠贤得势之后，大多投靠了阉党，形成了东林党与阉党对立的局面。

当时，熊廷弼就属于楚党成员，为有权势的东林党所不容。所以，站错队伍是很严重的问题，当然熊廷弼这不叫“站错队伍”，只是站得不合时宜。

凡此种种，熊廷弼几乎遍惹朝中权贵，在官场中差点没立锥之地。

但因为他为官清廉，那些被他得罪的官员实在抓不到他什么把柄，所以对他束手无策。李成梁也恨他，但也只能眼不见为净，把他从辽东调到了山东。

后来，又因党争案起，熊迁弼被发回原籍，听候勘用。

不过现在机会来了，辽东经略空缺，把你熊廷弼调去，让后金解决你。

如果你熊廷弼命大活了下来，反而把辽东稳住了，那自己也能有个举荐之功。

如果你没被干死，但辽东没有稳住，那就都是你的责任了，我就有定罪的借口了。

万历以熊廷弼“曾经去过”辽东为由，派他接任辽东经略一职。一接到万历的这个指令，熊廷弼二话不说就奔赴辽东。

熊廷弼虽然二话不说，但并不表示他笨。相反，他一眼就看透了这一点。启程之前，他就上书万历。

奏章是这样说的：东北这个地方是大明的后背，辽河以东是东北的核心，而开原就是辽东的关键所在。如果想保住辽东，开原一定不能丢，努尔哈赤没有打下开原的时候，叶赫部和朝鲜都是支持我们的，这两方能够在背后威胁到努尔哈赤，让他不敢全力进攻我们明朝。

现在开原丢了，叶赫部和朝鲜失去了和我们的直接联系，必然会归顺努尔哈赤，我们失去了两个盟友，而努尔哈赤没有后顾之忧，就会全力进攻辽沈。

大明要想守住辽沈，就必须赶快派遣军队，准备粮食和武器，前去守城。

我这就前往辽东，希望朝廷不要克扣我的军费；不要耽误我的日程；不要听信流言怀疑我，伤害我的士气；不要从一旁故意阻拦我，给我出难题；也不要在艰难的时刻抛弃我。不然的话，不仅会耽误我，耽误辽东，也会耽误我大明朝的未来。

原书（《明史》）是这样记载的：“乞速遣将士，备刍粮，修器械，毋窘臣用，毋缓臣期，毋中格以沮臣气，毋旁挠以掣臣肘，毋独遗臣以艰危，以致误臣、误辽，兼误国也。”

这样一段类似于《出师表》风格的话，其实就一个意思：熊廷弼希望朝廷能够完全放心地支持他在辽东的行动。

这表明，熊廷弼知道派自己前往辽东的原因不是表面上说的“曾经去过”那么简单。他知道背后有一些人想趁这个危急时刻置自己于死地。

可是，既然熊廷弼看透了这一点，为什么不找个托词推脱掉呢？

因为皇命不可违，同时出于一个知识分子内心的责任感，他确实是想救万民于水火。

奏章递上去不久就得到了回复，皇帝完全同意他的意见，还赐了他一口尚方宝剑。

可是熊廷弼还没有离开京城，开原就失守了；刚刚走出山海关，铁岭又失守了。

当他风尘仆仆地赶到辽阳时，只见面前一条长龙般的队伍，却不见张灯结彩，不闻锣鼓喧天。队伍有老有少，有男有女，人群挤满了小道，却不是夹道欢迎的仪仗队，而是准备迁徙的居民和无家可归的难民。

熊廷弼立马就投入了工作，一面安抚百姓，稳定民心，一面召集官员，召开紧急会议，了解情况。

为了安定民心，树立军威法纪，熊廷弼当天就做了一系列奖惩。定知州李尚浩“摇惑人心”之罪，投狱受审；疏散不安分的居民各回其家，处理流民、难民吃住问题；奖赏战将贺世贤等有功的将领；处斩逃将刘遇节、王捷和王文鼎等人；弹劾李如桢的总兵官职，喝令其滚回京城接受调查，由李怀信接替。

明朝派熊廷弼来接管辽东，对于努尔哈赤来说是具有威慑力的事。努尔哈赤怕过谁？真正算来跟努尔哈赤交过手并能打个平手的明朝将领应该只有三个：熊廷弼、孙承宗和袁崇焕。

努尔哈赤知道熊廷弼老于谋算，长于军事，因此，熊廷弼一到，努尔哈赤立马收割，准备军需，同时派出侦探，密切关注他的一举一动。

熊廷弼为了延缓努尔哈赤进军辽沈的速度，争取整顿残辽的时间，用了三十六计中的两道计策——第六计“声东击西”和第三十二计“空城计”。

熊廷弼大张旗鼓地派遣使臣去往朝鲜，请求朝鲜派出一队鸟铳手，帮助戍守辽东，并散布明朝将再次出动四十万大军，要求朝鲜也出兵数万，共同讨伐后金。

努尔哈赤的间谍成功地得到了这条惊天动地的情报，而且情报内容相当翔实：朝鲜应明朝之邀，将派发两路大军，从牛毛寨、万遮岭两处入犯后金。

努尔哈赤得到这个消息后，十分着急，立即召开会议，研究对策。

会议听取了诸贝勒大臣的意见，决定了一系列措施：急令牛毛寨、万遮岭沿途的部落抓紧造长梯；村中的老弱居民聚集到城中；释放朝鲜官员，缓和双方关系，探听朝鲜军事动向。

与此同时，熊廷弼亲自前往沈阳视察，取道虎皮驿，然后辗转视察抚顺。

去沈阳的时候，手下几个官员倒是提心吊胆地勉强都跟去了，但是当他视察完沈阳，说要去看看抚顺时，手下官员一个个都不敢走了。

抚顺是什么地方？那里几年前就被努尔哈赤打下来了，现在是人家后金的地盘，说不定人家那里现在就驻扎着军队。

一个总兵当即跳出来反对，说你熊大人跑到敌人的地盘上去，不是找死吗？

熊廷弼回答：现在是大雪天气，努尔哈赤那家伙一定不会想到我会去，他想不到，我就一定要过去，我一定要让他猜不透我。

熊廷弼去了，不但去了，而且是敲锣打鼓地去。

史书记载："鼓吹入。"

被努尔哈赤焚烧过的抚顺，百里之内没有人烟，熊廷弼沿着当时的战场亲自祭奠在清河、抚顺、开原等处阵亡的明朝士兵。

兵锋过后，一个朝廷的一级长官不但没有躲在后方，反而不顾危险，来到最前线，慰问士兵，拜祭死者，这对于当时人心惶惶的辽东来说无疑是最有效的镇静剂，辽沈军民大为感动，以致祭坛四周的军民失声恸哭。

熊廷弼这一招空城计越发让努尔哈赤相信情报的真实性，更加积极地对朝鲜方面作防备措施。而熊廷弼也抓住这个间隙，采取了一系列稳定辽沈局面的措施，加强防备。

熊廷弼刚接任时，曾上奏提出"固守、恢复、进剿"的三步保辽之策，准备实施"实内固外"和"以夷攻夷"的方略。然而，当他到任时，开原、铁岭、叶赫等皆已失守，保辽之策不得不再作修改。

同时，又因为辽东守军的情况极为不佳：盔甲、器械、战马奇缺，战将也严重不足；而军队残兵，更是斗志全无，一说同八旗兵打仗，就面无血色，"逃兵日以百计，五六万军队，人人要逃，营营要逃，甚至全队都要逃"。

八月二十四日，努尔哈赤统兵攻打叶赫时，在沈阳周围挖营盘的明军，一听到消息便丢了锹镢，慌忙奔散，如同后金军杀来了一样。各级指挥官都没有办法禁止。熊廷弼听到报告后，派阎鸣泰前去阻止，他走到虎皮驿，看见逃兵汹汹，无法阻拦。

在这种情况下，经略熊廷弼不得不放弃原有的“复开原以保全辽”的计划，采取了“坚守渐逼”的新策略。即厚集兵力，以人多胆壮，占住据点，稳住阵脚。这个据点就是辽阳和沈阳，这两个城市是整个防守体系的关键。

熊廷弼全力督促军士制造战车，修治火器，疏浚加深护城的壕沟，修缮加固城墙，为防御坚守做好充分的准备。

在这两个据点有了起色后，熊廷弼又上奏万历请求集兵十八万，先后在辽东十几个地方建立了军事基地，构成了一条防线，这条防线以辽阳和沈阳为后方，把战线向前推进一百里，以清河、抚顺、柴河、三岔儿、镇江为这条防线中的据点。

这些据点保持了部队间的互相联结和首尾相应，遇有小股敌人骚扰，由当地驻军自己围堵抵御，各自为战；若大敌进犯，则各地驻军互相响应，互为支援。

另外，他组建了许多小规模的精锐部队，到处骚扰后金防守薄弱的地方，捣毁据点，焚烧建筑，摧毁农田，杀死牲畜，使敌人防不胜防、疲于奔命。

努尔哈赤以前也是这么干的，熊廷弼现在是以其人之道还治其人之身。

熊廷弼来到辽东一年之后，明朝和后金形成了战略对峙的局面。在这一时期内，努尔哈赤虽然频繁地冲击辽沈，但多是小打小闹，一直没有大的军事行动。

这是熊廷弼的大功劳，他以他铁腕的手段，温情的攻势，使明朝获得宝贵的喘息机会。

明人是这样评价熊廷弼的：“熊公在辽言辽，明了畅快，一一指掌而尺寸无差。”

但正当后金垂涎辽沈，积极备战，想要大举进兵却因畏惧熊廷弼的严防死守而不得下手的时候，明朝却相当及时地自毁了长城，撤换了熊廷弼。

万历四十八年（1620 年）三月，辽沈的局势刚刚有点稳定，朝中一帮大臣不顾辽东的军事形势，一个劲地催战。

九月，当熊廷弼终于勉强征集到了十万左右的兵力，全面部署准备开战的时候，朝臣责备他的奏疏却纷纷而上。

朝臣在这个时候弹劾他，原因是多种多样的，有仇的报仇，没仇的泄恨——这恨是八月份的时候叶赫被后金灭了，而熊廷弼没有出手。而与此同时，熊廷弼还在与后金的一场武装冲突中失了利。

其实，叶赫除了作为明朝的盟友之外，在熊廷弼的计划中也起了牵制后金的大作用，熊廷弼当然不想把它丢了。

在后金围困叶赫的时候，熊廷弼确实带兵去救援了，他令李如桢、李光荣和贺世贤三位总兵各率一支队伍向后金的新城进攻，耀兵抚顺边外，吸引后金注意力，以解叶赫之围。

但只有贺世贤一路与后金兵交了手，经历一场激战，其他两位总兵都怯战不前。其实不只总兵怕，士兵也怕。这样的兵马与其说是支援，不如说是陪葬。

熊廷弼清楚部队的作战能力，所以只是耀兵抚顺边外，起一起威慑的作用。但朝中大臣不清楚明军的战斗力，盲目自大地以为明军战斗力远高于后金，而萨尔浒的惨败只是指挥官的问题。

因此叶赫的陷落，以及熊廷弼的袖手旁观引起了他们的不满，屋漏偏逢连阴雨，恰巧几天后熊廷弼在辽东的一个城堡又被后金军给占了，辽东战死几百个兵士，还被掠走了几千百姓。

这原本不是大事，双方对峙状态下，小冲突几乎每天都有。但是一直抓住熊廷弼小辫子不放的官员们却发现了这是一个极好的机会，于是积极行动。

第一个浮出水面的人叫姚宗文，原来是户部的一个官员。父亲去世回家守孝，回来以后要补缺（就是等着看全国哪里缺人），但是这里面有门道，如果上下的关系好，不仅很早就能分到职位，还能捞到肥差。如果关系不好，可能很多年都没事情做。

这个姚宗文属于比较倒霉的人，一直没有等到空缺，他就写信找熊廷弼帮忙，但被拒绝。

官场里面，拒绝一个人要比接受一个人后果严重得多。

后来这个姚宗文竟鬼使神差地搞到了一个吏部的职位，还专门负责辽东的人事问题。

第二个人叫刘国缙，这个人老家辽东的，原来是个御史，因为犯了错误被免官。现在辽东出事了，明朝就选拔老家辽东的人去对付女真人。这个刘国缙招募了一万多的辽东人参加了军队，可是不久这群人就跑了一半。熊廷弼就把这件事上报了朝廷，刘国缙心里自然很不高兴，也寻思着找个机会报复一下。

后来，姚宗文出差到了辽东，碰到了刘国缙。姚宗文原本是刘国缙的徒弟，自然和刘国缙一拍即合。

对于这次的失利，两人联名给皇帝上了奏疏。

奏章是这样写的：这个熊廷弼是个小心眼（告发刘国缙），不听从别人的意见（不帮助姚宗文），不训练军队（一直不出城），搞得将领没事可做（一直在守城），不体贴将士，搞得人人都不高兴（都在打仗，谁整天乐呵呵的），还滥用权力（杀了几个逃跑的将领），逼迫军队干活（全部去修理城墙）。

另外，御史、言官也上书，说熊廷弼到了辽东一年了，也没见什么成绩，而且不听从朝廷的指令，还滥用尚方宝剑，胡作非为。

熊廷弼又气又无奈，只能上奏托病请辞。

本来，派熊廷弼去东北的是万历，可是万历偏偏在这个节骨眼上挂了。继位的朱常洛当了一个月的皇帝，也不明不白地死了。跟上的是天启。

皇位更迭频繁，朝中权贵趁机争权夺利，连续发生了“梃击”“红丸”“移宫”三大案件。

“梃击”案：万历晚年，因立太子的事情而非常烦恼，犹豫之际，立朱常洛为太子。而备受宠爱的郑贵妃想立自己生的儿子为太子。后来，一个叫张差的外人，手执木棍，闯进太子朱常洛寝宫，打伤守门太监，被捉拿后供出是郑贵妃手下太监带他入宫。时人怀疑郑贵妃想要谋害太子，而万历与太子朱常洛都不想深究，就以疯癫罪把张差斩了。

“红丸”案：万历四十八年（1620年），万历病逝，太子朱常洛继位，改年号为泰昌，即明光宗。但是，泰昌即位后，过度纵欲，十天之后身体便羸弱得下不了床，术士进贡仙丹“红丸”，当吞下第二颗时便一命呼呜了，这时他即位刚满一个月，连“泰昌”的年号都来不及使用。

“移宫”案：明光宗朱常洛即位时，宠妃李选侍照顾皇长子朱由校迁入乾清宫。一月之后，光宗死于红丸案，立朱由校为帝，改年号天启，即明熹宗。李选侍想继续侍天启，朝廷权贵如大学士刘一燝、吏部尚书周嘉谟、兵科都给事中杨涟、御史左光斗等为防李选侍干政，逼迫她移居哕鸾宫，不久又迁往仁寿殿。

一月之内，梓宫两哭（两个皇帝去世），朝臣既频于发丧，又忙于争斗，朝政混乱至极，明朝统治阶级内部出现了严重的危机。

一个新皇帝上台，就意味着一场宫廷权势的变更。朝廷的一些老臣自然会趁机表现一番自己的忠心。

于是，大家不约而同地向熊廷弼发起了进攻。而且罪过越来越大。

九月十五日，御史冯三元指责熊廷弼在处理辽东问题上“无谋”的罪有八条，“欺君”的罪有三条，指出如果不把他开除，辽东一定守不住。

一星期后，御史张修德又上奏，说这个熊廷弼不但守不住辽东，反而因为有他在，辽东将会更早地被女真人拿下，急请贬斥熊廷弼。

俗话说，三人成虎。

这第三个人又跳出来了，他叫魏应嘉，一个给事中。魏应嘉的理由我们不清楚，但是结果我们很清楚。

皇帝最终同意解除熊廷弼的官职，却没有对他采取其他的惩罚措施，皇帝之所以这么做，是因为熊廷弼的“认错”态度很好。

熊廷弼确实是有脑子的，别人一说他的不是，他就立刻承认。他倒不是把莫须有的罪名往身上揽，也不反驳说自己没罪，只是说能力不足。

熊廷弼走了，谁来接替他的工作呢?

这个人是袁应泰。

袁应泰的脚后跟

袁应泰是谁?袁应泰是一个很好的官员，至少在他当上辽东经略使之前，我们必须强调，这个人的确是一个很优秀的官员。在当时的明朝，难能可贵。

在他职业生涯里，除了最后辽东经略使的记录不太光彩之外，其他的都是一个官员能够做到的全部。

这个人很有才华，搞建设、搞后勤的水平是一流的。

他当地方官的时候，到处修理运河，开荒灌溉，后来调到熊廷弼手下管理后勤，修建城市要的砖瓦木材、装备军队要的武器火药，只要他在，一概不成问题。要是放到现在，他绝对是一个搞物流贸易的高手。

不仅如此，他还是一个真正关心百姓的父母官。

治理洪水的时候，他可以身先士卒，住在河岸上，和民工一起生活。

山东有饥荒的时候，他可以掏腰包设粥厂，赈济饥民。

他甚至还挪用一些无聊的税收用来赈济灾荒。

他也保持着中国传统知识分子的责任感。

当他得知自己被任命为辽东经略使的时候，他当即杀白马祭神，对天发誓将为辽东奉献自己的生命。

他和前任熊廷弼一样，对明朝的政治环境有深刻的认识，他也和熊大人一样，给皇帝上书，连内容都和熊大人的奏折一样。

奏折里面说："臣愿与辽相终始，更愿文武诸臣无怀二心，与臣相终始。有托故谢事者，罪无赦。"他表示，自己会和辽东共存亡，他希望朝廷里面的大臣始终支持自己。

就是这么一个很好的官员，被派到了辽东。

就是这么一个很好的官员，很可惜地来到了辽东。

是人都有弱点，袁应泰的弱点只暴露过一次，这就是在辽东战场。

《荷马史诗》中的英雄阿喀琉斯，武艺高强，无人能敌，而且身体刀枪不入，但有一个死穴——他的脚后跟，后来被光明之神阿波罗一箭射中脚踵而死。后人就用"阿喀琉斯之踵"来形容一个强者的弱点。

而袁应泰的"脚后跟"就是：不会打仗。

也不能说他不会打仗，毕竟他来到辽东只有短短一个月。应该说，他不具备一个战场指挥家的坚决和果断——他的性格过于优柔。这是文人的通病。

不但不会打仗，他的心还很软，或者叫太善良。

不仅自己掏腰包赈济灾民，甚至挪用公款办慈善事业。

袁应泰上任之时，正赶上蒙古各部闹饥荒，一大波蒙古各部流民流窜到他的辖区行乞。他看到城外饥民的凄惨状况，忍不住地就同情心泛滥了，下令开门接纳流民。

理由：我大明的子民来这里行乞，如果不接纳他们，他们就有可能逃窜到建州女真那里去，给努尔哈赤卖命，白白壮大了他的实力。而如果接纳了他们，那么打仗的时候，就可以派他们上战场了。这么一接纳，前后进入各个城市的蒙古各部人众总数上万。

三岔儿战斗时，袁应泰把他们当作前锋与后金军交战。在这场战斗中，他们极其威猛，以致阵亡者达二十多人。

从此，袁应泰对蒙古各部流民更加信任了，对反对他的人也有了有力的反驳依据。

袁应泰的思维，从理论上讲，是没有错误的。但如果理论结合实际，那袁应泰便是不具备具体问题具体分析的方法论。他固守着自己的世界观不肯放手，总想做到面面俱到，却因此得不偿失。所以说行大事者不拘小节，男人有时候要对自己狠一点。

夏虫不可语冰。袁应泰则是以君子之心度小人之腹。“害人之心不可有，防人之心不可无”这句话，在他的字典里只有前半句。

不怕真小人，就怕伪君子。他们在欺骗了感情之后，在对方感情最脆弱的时候，扬起屠刀，撕下伪善可怜的假面孔，露出一张狰狞丑陋的面目。

后来的事实证实了这一点。

一动感情，丢了沈阳

袁应泰来到沈阳，是顶着巨大的压力来的。

那些官员们骂熊廷弼无能，如果袁应泰的成绩不如熊廷弼，这群官僚的仕途就会受影响。他们有压力。

皇帝炒了熊廷弼的鱿鱼，让袁应泰来接手，皇帝有压力。

袁应泰来到辽东，任务是比熊廷弼做得好，问题是熊廷弼已经做得很好了，袁应泰自己有压力。

要是想比熊廷弼做得还好，只有一个办法：做熊廷弼想做却没来得及做的事情——向后金进攻。

领导的压力、皇帝的压力、熊廷弼的压力都促使袁应泰要采取更开放的政策，他积极调兵遣将，准备进攻后金。

在熊廷弼的安排下，辽东的明朝军队这个时候已经有十万出头。虽然在战斗力上还存在疑问，但至少数量上，已经有了可以一战的资本。

袁应泰把首战的目标放在了抚顺，他把将近四万人精锐军队调集到抚顺，两万人的军队调集到清河，其他据点也一共派遣了大约三万军队。

这样，保护辽阳和沈阳的部队总共只有三四万人的数量。

沈阳兵力的减少，给努尔哈赤提供了机会。

天启元年（1621年）三月，熊廷弼离开辽东四个月以后，努尔哈赤开始进攻沈阳，他的军队数量是八旗十万人。

努尔哈赤趁明朝大军集结的缝隙，绕过明朝布置的防线，直接来到沈阳城下。

努尔哈赤这么做，是冒着极大的风险的。

他倾巢出动，如果不能在短时间内拿下沈阳，他就会遭到抚顺、清河等地明军的攻击。那个时候，他就有可能会葬身沈阳城下。

而且，如果袁应泰放弃援救沈阳，而是率领驻扎在抚顺的大军直扑后金的核心地带，如界藩、赫图阿拉以及刚刚成为后金都城的萨尔浒。那么即使努尔哈赤攻下沈阳，也会发现自己的老家都被人占领了。

所以这就要看，努尔哈赤够不够快，袁应泰够不够狠。

事实证明，努尔哈赤的确够快，而袁应泰却实在不够狠。

守卫沈阳的明朝军队数量只有三万，当然，还有数量不少的蒙古各部难民。

三月十二日，守城将军贺世贤、尤世功率军与八旗军于沈阳城外发生大战，但是明军在宽阔的城外空地上不是八旗骑兵的对手，大败而回。

贺世贤立刻转为防守，熊廷弼的功劳立刻展示得淋漓尽致，八旗野战出色，但是攻城就不是有火器依托的明军的对手。八旗伤亡巨大。

努尔哈赤使出惯用手段，派李永芳前去劝降，被贺世贤大骂，无功而返。

这个时候，原先收留的蒙古部人众开始发挥作用。不过他们的作用不是守城，而是攻城，这些蒙古部人众褪下难民的伪装，拿出马刀，杀向好心收留他们的明军。明军腹背受敌。

第二天，沈阳被攻破，贺世贤、尤世功战死，三万军队被杀。前往救援的总兵官陈策、童仲揆被击败，战死。

沈阳陷落。

狠赌一把，输了辽阳

沈阳陷落后，袁应泰痛定思痛，发出了一声“悔不招降这些蒙古饥民”的感叹，即令搜查辽东剩余假难民，共查获七十多人，全部处死，并下令不准其余人入境，然后火速赶往辽阳。

袁应泰生命的全部就在辽东，辽东就是辽阳和沈阳。此前袁应泰一直把工作重心放在沈阳，集中大多数兵力，因为沈阳是辽阳的屏障。

辽阳人口众多，财货丰厚，是明政府在辽东的首府所在地，是辽东的经济、政治和文化的中心。辽阳对于辽东的意义，相当于北京对于中国的意义。

沈阳被攻陷，袁应泰生命意义的绝大部分已经失去，核心的辽阳直接暴露在了八旗的铁蹄之下。

眼下辽阳守军只有五千余人，袁应泰深思熟虑，终于做出了一个惊天动地的决定，当即下令：

支援辽阳。

征调辽阳周围各城各县乃至小村庄的明军赶往辽阳；急令远离辽阳的各地驻军支援辽阳。

这样一来，辽东几乎所有的兵力都万佛朝宗似的在短短三四天内云集在了辽阳城，共计十三万人。

袁应泰把这份沉重的赌注押上了赌桌，一赌定输赢。

赢，从此在辽东站住脚跟；输，把整个辽东拱手让人。

不得不为袁应泰的大胆捏把汗，但是考虑到辽阳城的防御力，应该也能稍微宽点心：此地历经整修，城池坚固，“城高厚壮，屹然雄峙”，城外壕沟围绕，沿濠排列火器，环城设置重炮，堪称辽东第一坚城。

城外壕沟，有深壕三道，每道宽十米，深七米，引太子河的水，灌成护城深壕。

城上大炮，有上百门，其中最重的有三千多斤，一发炮弹能打死几百个敌人，威力很大。

城墙比沈阳坚固，城上火炮比沈阳密集，城外的壕沟比沈阳多，还外带一条宽广的护城河——太子河。

看起来辽阳应该比沈阳更难攻克，可实际操作中这两座城几乎毫无区别——因为袁应泰并没有发挥辽阳城的防御优势来打保卫战。

袁应泰还是选择了出城迎战。

当努尔哈赤军队出现在辽阳城外五里处时，城内放炮三发，当然这炮不是射向八旗军，而是作为冲锋信号，五万大军冲出辽阳城。

努尔哈赤探知辽阳城西北有明军结阵，立即率领左翼四旗攻击，又命皇太极带领右翼两旗冲击明营左侧，充分发挥了八旗兵善于野战的优势。

明军遭到后金兵突然两相夹击，阵脚大乱，纷纷溃逃，伤亡过半。

当两军交战时，袁应泰又派出一支明军出西门援助，努尔哈赤命后备的两红旗迎击，明军一触即败，争相入城，人马自相践踏，死者相枕藉。

城外明军全部被歼，努尔哈赤首战告捷。

准备攻城时却发现护城河既宽又深，还有护城壕沟挡道，渡河攻城难度很大，必然会造成大量伤亡。后金兵见城池险固，守城明军兵众又多，多斗志消沉不想进攻。

为了减少伤亡，努尔哈赤决定避免硬攻，力争智取——他派出间谍，混入城中，待机内应。

为了激励斗志，努尔哈赤宣布死战的决心，声色俱厉地对将士说："一步退时，我已死矣。你等须先杀我，后退去。"

十九日，努尔哈赤派遣少量人马横渡太子河，诱骗明军。袁应泰见后金兵马这么少，立刻改变战术，变守为攻，亲自带队出城迎战，结果中了埋伏，被努尔哈赤乘胜追击六十里，一直逃到鞍山。

这夜，明军没有回城，在城外扎营，袁应泰也住在兵营中。

战败以后，袁应泰只有一条路可以走——回城死守。

袁应泰已经是抱着必死的决心了，但不是所有人都愿意陪你死。结果，城内的十几个官员带着大批的军队连夜逃跑了。

官员逃跑，军心动摇。

二十日，努尔哈赤再次进攻，城内的间谍乘机造谣，致使人心浮动。傍晚，辽阳城西门被攻破，后金军队涌入城中。

袁应泰知道无力回天，对身边的巡按御史张铨说道：守城不是你的职责，你赶快逃命吧。我要和辽阳共存亡。

他穿好官服，挂上宝剑和官印，面朝大明朝北京城的方向，叩头拜首，自缢而死。

他的小舅子姚居秀随后自杀。

他的仆从唐世明放火烧毁了阁楼，纵火自焚。

分守道何廷魁携带妻子投井而死。

监军崔儒秀自缢身亡。

张铨决心与辽阳城共存亡，坦然向衙署走去。后来被俘，努尔哈赤令他跪拜，张铨说：我是天子的重臣，怎么能向贼人跪拜。努尔哈赤耐心劝诱他，许他高官厚禄。张铨大骂努尔哈赤是“小丑”，只求快死，决不屈服。

努尔哈赤大怒，命令刀斧手，以推出去斩首相威胁。张铨面无惧色。

努尔哈赤又命令把他带回来，再以好言相劝。张铨无动于衷。

皇太极气愤已极，举刀要砍，张铨延颈以待。

最后，努尔哈赤以大局为重，对明朝的重臣、大将尽力争取，决定送张铨再回衙门去。临走时，努尔哈赤说：你们回明朝去吧。张铨拒绝。

在去衙署的路上，让他坐车，他不上；请他骑马，他不从。

回到衙署后，张铨自缢而死。

又有人报告袁应泰死在镇远楼上，努尔哈赤听了大为感慨：真是忠臣啊！

于是，命令手下将死去的明官厚葬。

看到这里，我不禁想起鲁迅先生《论睁了眼看》的一段话。

“亡国一次，即添加几个殉难的忠臣，后来每不想光复旧物，而只去赞美那几个忠臣；遭劫一次，即造成一群不辱的烈女，事过之后，也每每不思惩凶、自卫，却只顾歌咏那一群烈女。”

袁应泰不是一个合格的将军，但是他是一个合格的官员。

后金军占领辽阳城不久，努尔哈赤决定定都辽阳。因为对于努尔哈赤来说，得了辽阳就控制了辽东的枢纽，控制着蒙古各部、朝鲜与明朝之间的陆上交通要道，有利于争取朝鲜，有利于同明廷对抗，并进一步夺取全地区。

但后来考虑到辽东经战争破坏，担心明军从东部水上袭击，所以放弃了这个念头，命令在太子河东新建城池作为都城。

熊廷弼，辽地没你实在不行

辽沈失守的消息传到京城，朝廷大震，全城戒严。天启紧急召开会议。朝臣到会，却多是一言不发，摇头闭目，少数几个夸夸其谈，但也只是事后诸葛亮般地埋汰着当初替换熊廷弼的错误决策，或者建议倚重张鹤鸣，拿不出任何实质性的良策。

此时形势万分紧急，辽西存亡迫在眉睫。

四月六日，天启紧急升薛国用为辽东经略，王化贞为广宁巡抚。薛国用因为身体抱病，并没有具体管事，所以实际上主持工作的是巡抚王化贞。

王化贞，文人，万历朝进士，工作积极性很高，但能力一般。

而战场上的活不是积极性高就能干的，此后两个多月，全局形势越发危急。辽阳失守之后，辽河以东相继倒下七十多座城堡。而同时，辽河以西的地方，明朝也快要保不住了。

辽西是宽阔的辽河平原，这里无险可守。越过辽河平原，沿着今天辽宁省西部的奴鲁儿虎山一路往南，就会进入一条狭窄的地带——后世称为辽西走廊，这里东南是渤海，西北是燕山，大海和山脉之间的狭长地带就是东北进入中原的必经之地，这条地带的最东部是锦州，最西部就是举世闻名的山海关。

国难思良将！这样的局势实在吓坏了朝臣，纷纷上奏表示：除了熊廷弼，没人可以挽救危局。

于是，天启决定再次起用熊廷弼，派太监送去一道诏书。

这个被努尔哈赤称为“熊蛮子”的人，听完诏书，委婉地拒绝了。

抗旨不遵！熊廷弼是活腻了？

这样有本事的人你说他不骄傲？这是不可能的。但熊廷弼的骄傲，是不一般的骄傲，有傲气是因为他有傲骨。

天启见他拒绝，火气噌就上来了，幸好理性来得也快，把火气压下去了。他放低身段，再次给熊廷弼下了道谕令。名是谕令，实际上更像一份检讨。内容是这样的：

只有你担任辽东经略的时候，威慑住了明边，保住了危城。后来，因受诽谤，而朝臣又失职，不为我剖析实情，导致你离职，对此我很是遗憾。如今水落石出了，你的委屈我全明白，所以决定下旨重新任用你。如今，辽东各城已经全部陷落，你守辽前功尽弃了。但是，如果有你在，辽东又怎么会出现这种情况呢！

另外，对于当初煽动弹劾熊廷弼的御史冯三元、张修德，给以降职两级、调出京城的处罚；对于阅边大臣姚宗文、御史刘国缙，给以革职为民、送回原籍、六年之内不得为官的处罚。

天启元年（1621 年）六月，熊廷弼带着“天下舍我其谁也”的气势同意再度出关，对天启“吩咐”了一系列的要求，天启一一准奏，提升熊廷弼为兵部尚书，赐尚方宝剑，开辕山海关，全权经略辽东军务。

临行之前，天启又赐其麒麟服，并在郊外设御宴，令文武百官送行。

风萧萧兮易水寒，壮士一去兮……熊廷弼带着五千京兵，威风凛凛地奔赴了辽地。熊廷弼的再度出关，对于沉醉在常胜梦中的努尔哈赤来说犹如一道晴天霹雳。

同时，另一个人的出现却注定着熊廷弼这次出关不仅徒劳无功，还会落得个身败名裂“传首九边”的下场。

这个人就是——辽东巡抚王化贞，一个不能称为下属的下属。

历史记载：王化贞，刚愎自用，不懂军事，喜欢夸海口。

对于这个概括，有两点是肯定的——刚愎自用和爱夸海口，也正因为这两点害死了他自己。但说他不懂军事，那有点冤枉；而说他懂军事吧，也实在扯淡。

只能说他略懂军事，但他有一个很好的品质：有胆量，而且胆子很大。

辽沈混战时，蒙古部也想趁火打劫，便来打广宁，当时王化贞手下只有几千个老弱残兵，可是他硬是打得蒙古部灰溜溜地回了老家。蒙古部闹得再凶，到他的地头，都不敢乱来。

后来辽沈失陷，人心大乱，大伙都往关内跑，他不跑。

辽阳城里十三万大军，还是把城都守丢了；而广宁城呢，只有区区几千人，还是个破城，但他偏要守，他一面稳定人心，一面招募流民、逃兵，最后终于是坚守住了孤城，稳定住了局势，一时之间，天下传颂。史书记载“提弱卒，守孤城，气不慑，时望赫然”。

王化贞因守城有功，被皇帝好好地表扬了一番，正高兴地做着山大王，熊廷弼就来了。

熊廷弼视察了一番王化贞的部署后，大不以为意地指出：河面窄，河水又浅，敌军随时可以渡河。分兵驻守，兵力削弱，敌军兵合一处哪个堡垒守得住？应将重兵集结广宁，只留下一些哨兵。敌人一来就可以早做准备，进可攻，退可守。

王化贞不愿意放弃自己苦心经营的项目，与熊廷弼争辩。

一见下属不听话，熊廷弼的熊脾气又来了，勃然大怒：你才领了几天兵？懂个啥。不听命令，坏我大事，当以军法伺候。

王化贞并不服气，回营之后就向朝廷打了小报告，将熊廷弼贬得一无是处。

日后的交往中，王化贞发现这个熊大人脾气大得很，熊廷弼发现这个王大人根本不听指挥。

王化贞心里不高兴，熊廷弼也很郁闷。

他们的矛盾，逐渐演变为“经抚不和”，举国尽知。历史记载：“中外举知经、抚不和，必误疆事。”

但王化贞为什么不听指挥呢？

首先，王化贞的官位和级别不低于熊廷弼。王化贞是巡抚，熊廷弼是经略，也不过是和巡抚差不多的头衔。

其次，也是很关键的一点，王化贞手里有军队，而熊廷弼只有皇帝派的那五千人马。熊廷弼本想故技重施，招募流民、逃兵，可是他来得晚，能招的都已经被王化贞招走了。

最后，王化贞上面有人。王化贞是东林党（后来投奔了阉党），是东林党重要成员前首辅叶向高的学生。能和首辅扯上关系，王化贞自然很有底气。

而且，这两人对付努尔哈赤的计划完全不一样，廷弼主张“三方布置”之策，王化贞则推行“一举荡平”之策。

熊廷弼一直是防守主义者。他认为，经过辽沈之战，兵力大损，只有三方布置，四面牵制，才能制胜。所以他强调还是修防御、建城堡。

他的部署是：以广宁为基地，厚集步骑大军，牵制后金主力；在登州、莱州和天津三地各设巡抚，配备水军，乘机入辽南；在东面联合朝鲜从后方打击后金；设经略驻扎山海关，节制三方。

但是，想实现这个方案，必须用兵二十万，拨军饷三百万两。这是朝廷望而却步的。而且从时间上看，也不是短期可以办到的。

王化贞是一个冒险进攻主义者。他的部署是：沿辽河设立大营，分兵驻守要塞，隔河与后金对垒。西与蒙古各部结盟，东与朝鲜交好，三面一同对付后金。

他认为，征调的援辽兵马已经先后出关，现在他手里差不多握有十万大军，大可以跟努尔哈赤干一仗了。

他表示，只要他带领一支部队渡过辽河，八月十五中秋之前就可以击败努尔哈赤。

当时，王化贞手下有一员猛将，名叫毛文龙。此人身高八尺（明朝一尺相当于现在三十一厘米多），声若洪钟，武功了得，传说曾在山上徒手擒得一只黑虎驯为坐骑，简直比武松打虎还传奇。

他根正苗红，但没来得及被王化贞提拔，辽东就失陷了，后金军队追杀过来，他也只能带着他出生入死的一百九十七个兄弟逃命，逃到了一座海岛上。

离海岛不远处，有一座城，叫镇江城。这座城临近港湾，毗邻朝鲜，可以说是水路交通要地，刚成为努尔哈赤的地盘。

毛文龙见领导被熊廷弼侮辱，怒从中来，于是写了一封信，向王化贞请战：熊廷弼目中无人令人气恼，我要袭取镇江羞他一番。

王化贞眉开眼笑地准了。

我不否认领导被侮辱，下属会脸红——这种红可能是羞愧的红，也可能是愤怒的红，但如果因为脸红就豁出去了要抢努尔哈赤的地盘，那怎么说也有点闹着玩。

毛文龙可能是个比较莽撞的家伙，但也不至于笨到带着百来个兄弟往火坑里跳！

毛文龙之所以要打镇江，是他综合考虑的结果。而这综合考虑中，有一个人起到了至关重要的作用。

他叫陈策，是镇江城内的一个小官。

陈策透露给了毛文龙三点参考意见：

第一点：镇江城守军只有五百人，而且这些人都是明朝降兵，你觉得他们的战斗力如何？

第二点：后金强迫剃发易服，引起大范围的骚乱，镇江城内的百姓也是敢怒不敢言，只要你带领兄弟一到，百姓肯定会积极响应。

第三点：城内五百守军我秘密联络已经有一段时日了，不说全部，至少一半是可以保证的——他们愿意跟我。

有这三点，综合毛文龙自己的几点小九九：

之前跑路虽然迫于无奈，但总归是不好听的，这次来个立功赎罪。

为领导打抱不平，如果赢回了面子，加官晋爵不是指日可待？

鸟不拉屎的小岛，兄弟们都好久没愉快地吃一顿了。

…………

于是毛文龙带着他出生入死的一百九十七个兄弟乘夜来到镇江城，毫无悬念地占领了镇江。

毛文龙把胜利的经过详细地记录，交到了王化贞手里。

王化贞笑得嘴都合不拢，连夜撰稿，送达京城。

这里有一个细节问题——可能毛文龙没留意，也可能毛文龙注意到了却故意如此——那就是辽东的最高军事长官是经略熊廷弼，收复镇江这样的大事件不第一时间向熊廷弼汇报，却向副将王化贞汇报？

堂堂辽东经略，知道毛文龙收复镇江，竟然是上级下达的兵部通知。也就是说，毛文龙压根就没想要汇报熊廷弼。

捷报上奏，朝野一片沸腾。加上东林党和王化贞的支持者、熊廷弼的死对头——南京兵部尚书张鹤鸣的从旁鼓动，王化贞在朝廷中的地位大大提升，熊廷弼的主守计划被搁置（明朝南北二京，两套衙门，熊廷弼为北京兵部尚书，张鹤鸣为南京兵部尚书）。

王化贞一时之间志得意满，降将李永芳趁机向努尔哈赤提议“诈降王化贞”，得到许可。

李永芳派遣亲信，秘密约见王化贞，尽显“怀李陵归汉之心”，表示愿意投靠，到时候里应外合。

王化贞大喜过望得烧坏了脑子，欣然同意。

王化贞得意，熊廷弼就难受了——心里难受，仕途也将难受。

见下属丝毫不把自己放眼里，熊廷弼上奏朝廷，责怪王化贞拥兵自重，不听指挥，提出告老还乡。

天启当然没有批准熊廷弼的请辞，但也没有指责王化贞的不是，反而指责了熊廷弼的用人不善：佟卜年是叛徒，怎么提拔为副将了？刘国缙多次被议论，怎么又起用了？胡嘉栋命他立功赎罪，怎么跑到天津去了？

熊廷弼知道皇上已经听信了谗言，对自己不再那么信任了。多说已无益。

事实上，张鹤鸣、叶向高等人一方面在皇帝面前搬弄熊廷弼的是非，一方面怂恿王化贞不必受熊廷弼节制，可以相机取事。

王化贞由此更加敞开了做事，但出兵五六次，每次都无功而返。于是他上奏埋怨熊廷弼坐守山海关，不肯指挥进军，请朝廷加压。

而这时已是十月份，东北已经进入严寒时期，辽河已经结冰，后金兵渡河来犯是迟早的事了。

在朝廷的逼迫下，熊廷弼几度拖延，几度争执，最终还是无奈出了山海关，驻守右屯。

王化贞害怕熊廷弼夺军权，就假装把军队交给他指挥。军饷是我发的，指挥权却交给别人，这样的队伍会听那个别人的话吗？

熊廷弼拒绝了他的仁慈，说：我奉命扼守山海关，不是要将广宁作为私有。抚臣不应当将责任推卸给我。

而这件“出让兵权”的事却在朝中炸开了锅。朝臣们有的支持熊廷弼，有的支持王化贞，两方争论不休。

张鹤鸣坚持不同意王化贞交兵权，认为王化贞一离开，毛文龙等将士必然心冷，三军解体。徐大化则大骂熊廷弼嫉贤妒能，大话欺世，提议把他革职。

熊廷弼听了气不打一处来，立刻上奏，再次请求罢职，以免影响士气。天启只能好言相劝。

经抚不合，将士无所适从，只好谁的命令都听，同时谁的命令也都不听。

后金知道明军现在已是一盘散沙，将士不知该服从谁的命令，于是派李永芳带着五万兵马前来诈降。

王化贞高高兴兴地命令孙得功、鲍承先前去迎接。

两军在平阳桥上会面，孙得功、鲍承先骑跨在高头大马上还没想好以什么样的姿态应答李永芳，却见对方把枪一指，五万大军提刀一拥而上，惊得二将目瞪口呆，拨转马头便跑。

李永芳一箭射倒了鲍承先的马，将鲍承先活捉。孙得功则成功逃回。

李永芳又率领大军，包围了西平堡。却是围而不攻，静等明朝援军的到来。

西平堡是什么地方？西平堡是辽河以西，紧挨辽河的一个小城堡，这里是努尔哈赤渡河的必经之地。当时的西平堡由罗一贯驻守，卫兵三千人。

西平被围告急。王化贞听信孙得功的建议，将广宁的部队全部发出，交给孙得功和祖大寿，令他们带着前去和祁秉忠部会合，然后一起向西平堡进发。熊廷弼也急传命令给刘渠，令他拔营赴援。

三军急进，刚行进到沙岭，便遭遇后金军队。

两军刚一交锋，孙得功就跑了，不但自己跑，还带着部队跑。明军溃不成军。刘渠、祁秉忠、黑云鹤等英勇拼杀，三次击退后金军，但最终力竭战死。祖大寿拼死突围，带着残兵逃到了觉华岛。

罗一贯的西平堡被包得像饺子一样，却苦等援兵不来，他也只有死战。不过他的无畏却让后金兵遭到了沉重打击。只有三千军队的西平堡看似不堪一击，却多次击败八旗军队，后金死亡人数超过四千。

眼看战局困难，一直充当后金先锋的李永芳再次出马，诱降守城将军罗一贯。

可是罗一贯就和他的名字一样，一贯对朝廷忠心耿耿，不但没有投降，反而把李永芳大骂一顿。

诱降不成，努尔哈赤只有接着猛攻，这场攻城战先后进行了两昼夜，最后，西平堡的火药和弓箭全部耗完。

夜幕下的西平堡显得格外安静，它静静地目睹着后金军队的进攻。

罗一贯在战斗中眼睛受了伤。当他的耳畔不再有熟悉的火炮声的时候，他叹了口气，直面北京城的方向，说了最后一句话：陛下，臣已经尽力了。然后，拔剑自刎。

占领了西平堡的努尔哈赤的面前是一片宽阔的平原，向西望去，天气好的时候，努尔哈赤的目光甚至可以越过整个辽河平原，平原的尽头就是他最终的目标——广宁城。

目光尽头的广宁城只是一团模糊的黑影。

努尔哈赤可以想见，那个一直想进攻自己的王化贞一定在加强广宁城的防御。不过他并不着急进攻，因为，太阳落下的地方，有他早已埋伏好的奸细。

逃回到广宁城的孙得功没有受到任何的惩罚。王化贞依旧很信任这个向他建议救援西平堡的人，广宁城的防御全都交给孙得功来打理。

王化贞当然不会逃跑，当年他只有几千人，都敢和努尔哈赤面对面地碰撞，何况现在他还有上万人马。

半夜，王化贞还坐在巡抚衙门内，又两耳不闻窗外事地温习着兵书。突然参将江朝栋推门闯了进来。

王化贞被吓了一跳，将江朝栋一顿呵斥。江朝栋不等他训完，匆忙喊道：事态危急，赶紧走！王化贞怔住了，慌忙登楼观望，这才注意到外边震响的炮声，城头掌着灯，守兵却是一个也不见。

江朝栋连忙掖持着他上了马，率领数十名骑兵杀退叛军，直奔大凌河明军大营而去。

这到底是出了什么变故呢？

原来，之前被活捉的鲍承先归降了后金，而他又以“开国元勋”的诱惑把孙得功给劝降了。于是孙得功决定生擒王化贞，作为晋见之礼。

半夜，孙得功率领跟随自己逃回来的叛军在城里散布谣言，大喊后金兵进城了，搞得全城大乱。孙得功等人趁乱占据火药库，打散守城军队，并准备活捉王化贞。江朝栋捷足先登，救走了王化贞。

广宁城就这样不攻自破，白白让一个叛徒给占领了。而此时努尔哈赤还在二百里外的西平堡，王化贞逃跑两天后，努尔哈赤才带领大军赶到。

努尔哈赤统兵刚到距离广宁一百五十里的沙岭，孙得功就前来迎接了。

努尔哈赤不敢相信，在广宁城外观察了一天，才敢带军进城。

一切都晚了，一切都完了

王化贞等人逃到了大凌河，一见熊廷弼，便号啕大哭起来。

熊廷弼却不无得意地微笑着说：你不是说六万大军一举荡平辽阳，结果怎么样？

王化贞羞惭得无言以对，就提议坚守宁远和前屯。

熊廷弼拒绝得也很干脆："嘻，已晚，惟护溃民入关可耳。"（嘻，已经晚了，现在只能保护溃乱的军民退入关内了。）

这句话的关键是这个"嘻"字。"嘻"有两个意思，一个意思是表示很不严肃的嘲笑，另有一个意思是带有惊讶、感叹的意思。大家应该一读就知道是哪个意思了。

熊廷弼决定彻底撤入关内，一把火烧了数百万石的粮食，数百囤的马草，凡是带不走的重武器也一律毁掉。他把自己率领的五千骑兵交给王化贞，命他殿后，放弃了大凌河、松山所等据点，护送着数十万百姓进了山海关。

熊廷弼要跑，但也有人不愿意跑，比如松山所的监军道高邦佐。他见经、抚二臣都逃走了，感到气愤，写了一封家书交给家仆，然后自缢殉职。

大败的消息传到，京城震动。熊廷弼、王化贞就被打进了大牢，由刑部议罪。

刑部认为两人都应该判死罪，而且熊廷弼负主要责任。

死期将至，熊廷弼突然就"聪明"了那么一回。他叫汪文言用四万两银子去向魏忠贤求情，希望能宽缓对他的处决。魏忠贤拿人钱财，替人消灾，在天启面前动了动嘴皮子，案情便有了转机。

而这时，熊廷弼又"聪明"不起来了。他认为自己有先见之明，是兵部不听自己的意见才遭到惨败，应该是张鹤鸣负主要责任，所以不肯再出这四万两人情费。

魏忠贤觉得自己被耍了，非常恼怒。

正巧巡逻士兵抓到了一个市民，他供称与熊廷弼的儿子曾几次出入禁狱，与熊廷弼串联供词，寻找门路。魏忠贤借题发挥，唆使奸党对熊廷弼大加攻击，重加惩处。

冯铨、顾秉谦等人借着给皇上讲课的机会，向皇帝出示市井流传的《辽东传》进谗言说：这是熊廷弼写的，企图美化自己，为自己开脱罪责，而诽谤皇上不识贤愚。天启大怒，御批熊廷弼死罪。

天启五年（1625年）八月，熊廷弼在闹市被处斩，暴尸街头，将首级递传九边示众。

王化贞为了活命，忙投靠了魏忠贤。所以虽然被关起来，可是他还有一个难兄难弟——杨镐陪着，在狱中好吃好喝地供着。直到崇祯五年（1632年）才被处死。

熊廷弼一退，把关外几百里的土地让给了努尔哈赤。退兵之前的一场大火，暗无天日地烧了三天三夜。

这一场大火后，整个山海关外成了不设防的地带。努尔哈赤一路前进，直冲山海关而去，可是没等到努尔哈赤跑到山海关，他发现了一个问题：他经过的这些地方很眼熟，好像以前来过。

这不是他的未来记忆，而确实是他曾经见过这样的场景：那就是抚顺到清河，那一带被他烧得干干净净的地方。这一路，简直和那里一模一样——干干净净，只有灰烬。

追了两百里路之后，努尔哈赤停下了，他不追了，决定撤退。

不是他没耐心追了，而是，他没有力气追了。

后金的部队向来以战养战，一路烧杀，他们没有专门的后勤部队，都是靠沿路抢获的东西作为部队粮食。

可是，熊廷弼玩了一手狠招，把山海关外的东西全烧光了。努尔哈赤的部队没了食物来源，只好放弃追赶，打道回府。

史书记载：“大清兵追逐化贞等二百里，不得食，乃还。”

努尔哈赤决定回师的这个地方，叫作宁远。

日后，他将会无比懊悔地发现，这辈子，他再也不能越过宁远一步！因为，这里将会出现一个人。这个人，会是努尔哈赤的噩梦，甚至努尔哈赤儿子皇太极的噩梦。

这个人，叫作袁崇焕！

第十一章　膨胀的罅隙

女真百姓留可的一生

后金天命六年（1621 年，明天启元年），努尔哈赤占领了辽沈地区，直接把明朝的统治地区纳入自己的腰包。

原本努尔哈赤很高兴，因为这里十分富有，而且是东北地区的交通枢纽。为了赶快控制住这块地方，他赶忙把都城从落后的界藩城迁到辽阳。但是辽阳刚发生过战争，破坏严重，于是努尔哈赤在辽阳的旁边新修建了一个城市——东京城。

可是刚刚搬家的努尔哈赤没高兴太久，他就发现了一个大大的问题。

这个问题说来复杂，最简单的比喻就是后金的硬件太落后，运行不了辽东的软件。

为什么这么说？

努尔哈赤的后金，是个奴隶制社会，而他占领的辽东地区是封建制。

这么说可能比较空洞，让我们“具体而微”地来听听发生在一个女真百姓身上的故事。

1587 年努尔哈赤佛阿拉称制以前，留可是一个普通的女真百姓，他二十岁以前还是一个原始社会的青年，日常的生活就是大家一起打猎，猎物大家一起分，自己家五口人，虽然不是每次都能吃饱，但每个人都能分到。部落里面的事情他都参加，而且可以发表意见。

1587 年以后，留可不再是一个原始社会青年了，他变成了一个奴隶，不管是打猎，还是种田，他们全家都要工作，他家的几乎全部收入都上交，每次全家都吃不饱。部落里面的事情，根本不让他知道，他也没有权力发表意见，除了打仗和种田，他没有别的事情做，也没有别的地方去。

他当然是要当一个士兵的，他是正蓝旗的一个军人，这么多年打仗，他作战勇敢，立下很多功劳，家里也逐渐富裕起来，得到的财富和衣物够全家用很多年，还有十多个奴隶。全家有四十多亩地，那几个奴隶种地种得不错，田里的收入不少，当然，留可可以随便杀死那些奴隶，然后花一只羊的钱就可以再买到一个年轻的。

不过，留可同父异母的弟弟生活得很惨，他弟弟打仗不行，家里越来越穷，后来活不下去了，就把自己卖给了隔壁乌烈家，变成了乌烈家的奴隶。

1621 年，领袖努尔哈赤占领了辽沈，把都城迁到了辽阳，留可也跟着搬过来，这里比界藩城好得多了，留可的田也扩大到七百亩，奴隶一百多人。

可是没过多久留可就发现，这里的一切都很奇怪。

这里没有奴隶，也没有奴隶主。只有地主和农民。农民可以随便跑，只要每年交了地租就可以，地主也不能随便惩罚或者杀死农民，据说那是犯罪行为。

这里地主家里的人据说不叫奴隶，而是叫作仆人，不仅可以来去自由，还要给他们工资。留可心里想，我还要给我那几个奴隶钱？

留可想不明白，为什么要把这些奴隶放出去，隔壁的乌烈土地比自己的多，奴隶也多得多，听说那家伙把那些地分给手下的奴隶，然后还借给他们种子、农具、牛，这些奴隶每年要交地租，还要帮乌烈耕种没有租出去的地。

不久，留可发现，自己的奴隶很多都跑了，找也找不回来。于是，留可到处搜捕，遇到了很多人，这些人对留可的态度很不好，双方起了冲突，结果自然是留可获胜，杀这些人一点罪过也没有，怕什么？

留可没有想到，他杀死人的第四天，一百多人趁夜冲进了他的家，杀死了他的儿子和母亲。

留可还听说，乌烈家也发生了同样的事情，结果死的是乌烈本人。

留可的生活原来很普通，也很简单，可是自从来到了辽沈，他发现自己的生活越来越复杂，让他完全无法适应，他现在有的时候还会回忆起当年的生活，那个时候，多么简单啊。

留可的经历是一个普通的女真百姓这些年缩影。

这也是努尔哈赤的一生。

留可不明白的地方，努尔哈赤也不明白。

当个农民不容易啊

努尔哈赤打仗的时候不会想到，他还需要管理这些分田分地的事情。他想不到，女真人也想不到。可是他们想不到的，往往会给他们带来危险。

辽沈百姓很多，有的变成了奴隶，或者财产被抢走，自由被剥夺，生命被终结。百姓自然不甘受到欺辱，便准备反抗。

努尔哈赤修建东京城，驱使大量人口充当劳力。

努尔哈赤强迫百姓当兵，然后去攻击明朝。

努尔哈赤实行的是奴隶制，可是封建制都已经数千年了，谁也不愿意当奴隶。奴隶是什么状况，恐怕没有读者不了解。

如果你是奴隶主，对待你的奴隶，你可以随便打、随便骂、随便杀，还可以不给他们饭吃，不给他们衣服穿。还不如动物，动物不会帮你干活。

搬迁到辽沈的女真人，为了抢占地盘，往往内部还会出现火并，而且原有的机制都被打破，女真部落之间居住混乱，八旗制度受到冲击。

为了解决这种状况，努尔哈赤采取了“计丁授田”和“庄田制”的方法。

“计丁授田”的方法是这样的：

田地属国家所有，个人拥有使用权。

田地分成公有和私有两种。

私田：

每个男性，不论年龄和出身，都分到田地三十六亩。

三十亩种粮食，六亩种棉花。

公田：

每三个男性，另分到田地六亩，收入上缴给国家。

义务：

二十个男性中，派一个人当兵（兵役），一个人给国家干活（徭役）。

这个“计丁授田”是个很奇怪的方案。它本身就有矛盾，而且很不合实际。

首先，说是分没有主人的田，没有田是没有主人的。除非是荒地，荒地不应该计入田地。无主的田来源值得推敲。

其次，公田和私田这种分法极度落后，和两三千年以前西周的井田制是一样的，那个时候的耕种水平落后才会出此下策。努尔哈赤现在采用这种方法有些可笑。

再次，当兵和徭役的人是怎么选择的？二十个人选一个当兵，选一个徭役，选谁？徭役还容易解决，轮流去就是了，可是当兵呢？有什么选择标准？万一选去的人死了，怎么及时补充兵员？

和平年代，这个“计丁授田”还马马虎虎可以凑合，努尔哈赤这个时候用这种办法显得不合时宜。

以前的后金都是奴隶主庄园，庄园里的所有东西归庄主管。可是现在实行“计丁授田”，这庄园没有办法继续下去，只好改革。改革以后的就是“庄田制”。

庄园制其实没有改变奴隶制度的本质，只是有了修改。

庄田制的方法是这样的：

每个庄园里，十三个男性种田六百亩，其中一百二十亩的收入上交国家，四百八十亩的收入自己保留。

自己保留？自己都是属于庄园主的，自己的收入难道是自己的？

关于庄园的兵役和徭役问题没有详细记载。

有人说，这两种制度意味着旧的奴隶制崩溃，新的封建制诞生。

我说，这是完全的错误。

后金一直都是完全的奴隶制，没有丝毫的改变，直到入关以后的一段时间，还依然是奴隶制。当然，这不是本书所能容纳的内容。

为什么说依然是奴隶制？

先来讨论“计丁授田”。

一个最显著的标志：在“计丁授田”的田地上耕种的人，没有丝毫的人身自由。这是奴隶制区别于封建制的根本。

“计丁授田”中的人，不能离开自己分到的土地，也不能把土地进行买卖，连土地上的耕种作物的品种都受到控制。还要负责耕种国家的田。这其实和西周井田制没有区别。

井田制是什么？井田制是西周奴隶制社会的两大标志之一。

封建制度下，农民对地主的依附关系比较松散，农民对租来的土地有很大的自由，至少可以决定耕种作物的品种。

再来看“庄园制”。

西周的另一个奴隶社会的标志——分封制，其实和后金的庄园制也没有根本上的区别。

西周的庄园主，都是周王的儿子、亲戚、大臣。后金大的庄园主，也都是努尔哈赤的儿子或者大臣。

西周的庄园里，奴隶干活，分为公田和私田，私田收入给庄园主，公田收入给国家。这和计丁授田也没有区别。

而封建社会的农奴制，农奴有着属于自己的土地，只不过在普遍的情况下，收入的大部分要交给国家。

这就是问题的关键，后金的庄园里，奴隶没有自己的土地，规定的耕种面积只是必须完成的任务，收入也不归自己所有。

所以我们说，后金的这一套田地制度，依旧是奴隶制，而不是封建制。

而且还有一个最直接的证据证明后金还是奴隶社会。

后金的军事头目，总是在进行人口的抢夺，为的是什么？

有一本书这么记载：

天启元年七月，李永芳俘获镇江人一千名，皇太极俘获镇江人一万二千名；俘获长山岛人一万名，镇江人三千名；

天启二年一月，俘获毛文龙部下一万名，三月，俘获镇江人七百名；

天启三年七月，大贝勒俘获辽河沿岸居民一千零三十七名，俘获岫岩人六千七百名。

简单的加法，三年时间，四万三千七百人被俘获。

正因为它原本就是奴隶制，还把辽沈封建制变成奴隶制，这是奴隶制的复辟，当然不是社会进步的代表。

所以，不愿做奴隶的人们，准备奋起反抗。后金的社会危机急剧加深。

后金五大臣的离世

后金五大臣，为什么一直要加一个“后金”的前缀？

因为后来清朝也有一个所谓的“五大臣”，这是发生在清朝末年的事情。

光绪三十一年（1905年），晚清政府为了挽救即将覆灭的清王朝，被迫搞起了所谓的“预备立宪”，准备颁布宪法，然后派了五个人去外国考察。

这五个人1905年12月出发。1912年2月，清朝最后一个皇帝溥仪退位，清朝统治结束。

后金五大臣最后一个去世的人是扈尔汉，他在1623年去世。1630年，袁崇焕被崇祯杀害于北京。明朝再无一人能抵挡清朝，时间也是相隔七年。

历史，很奇妙！

后金五大臣为了后来的清朝（当时的后金）立下了赫赫战功，因此有了一个“五大臣”的称号，就像三国刘备的“五虎将”，都是劳苦功高的人物。

可是到了晚清，亡国之时，却也来了一个“五大臣”，难道清朝当时的人想讨个吉利，冲一冲晦气？

如果后金五大臣泉下有知，自己辛苦打下来的基业被后世的人弄成了笑柄，恐怕也是要从坟墓里跳出来的。

我们先回忆一下这五大臣的名字：费英东、额亦都、安费扬古、扈尔汉、何和理。这五个人，在努尔哈赤当年统一建州之前，就已经全部归附了努尔哈赤，随后，在统一建州乃至整个女真的战争中，都有着卓越的战绩。

我们按照他们去世的时间顺序一一介绍。

费英东（1562—1620年）

1588年费英东随父亲带着自己部落的人归顺了努尔哈赤，随后戎马一生。

1598年，东海女真的瓦尔喀部被费英东先后攻击三次，最终投降。

1607年，在著名的乌碣岩战斗中，就是费英东率军队赶到，一举击败乌拉部，使得乌拉部大大削弱。

1613年，努尔哈赤率兵攻打乌拉部，费英东率先攻破乌拉部的城门，带兵进城，乌拉部被迫投降。

后金建立后，他被任命为顾命五大臣之一，主管刑政。

1618 年，努尔哈赤攻打抚顺。费英东被火炮击中，不肯撤退，大呼："我建州无败退之将，只有战死之将！"后率先攻入抚顺城。

1619 年的萨尔浒之战中，费英东率本部兵马击溃北路马林的军队。

后来，攻打叶赫城，战况不利，努尔哈赤命令撤退，费英东回报说："我们已经攻到城下了！"努尔哈赤又命再退，费英东又说："我们已经爬上城墙了！"没等努尔哈赤下第三次撤退的命令，费英东已经占领了叶赫城。努尔哈赤感叹："费英东真乃万人敌也！"

在费英东死后，努尔哈赤还会遇到一个"万人敌"。不过这个"万人敌"不是人，而是一件武器，一件让努尔哈赤恨到骨头里的武器。

1620 年，在努尔哈赤攻打辽沈的前夕，费英东病逝，去世前，据说："日向西，云起，有声铿鍧，雷电雨雹交至，不移时而霁。"意思是说："太阳快下山了，突然间乌云密布，天空中有巨大雄浑的声响，雷电大雨冰雹一起出现，费英东刚死，雷电大雨冰雹全部停了，天空中还出现了彩虹。"

努尔哈赤听到这个消息，大哭到深夜，对旁边的人说："他是我的左膀右臂，和我同生共死这么多年，如今他先我而去，我怎么能不难过？"于是亲自为他守灵。九月，努尔哈赤还到费英东的墓前，洒酒祭奠，痛哭不止。

皇太极追封他为直义公，配享太庙。

顺治追封他世爵位三等公。

康熙亲自为他撰写碑文，立碑纪勋。

雍正追加封号信勇公。

乾隆晋费英东世爵一等公，子孙世袭。

中国古代的爵位制度是"王、公、侯、伯、子、男"。

能封王的人，除了汉朝的异姓王以及武则天时候封武家的人为王以外，全部都是皇帝的直系亲属，比如儿子、孙子。普通人是不可能封王的。

随后就是"公"的封号，普通人不可能封王，"公"就是一个人能够封到的最高爵位。费英东先后被清朝几位皇帝封为"公"，这确实是一个大臣能够拥有的最高荣誉了。

额亦都（1562—1621 年）

1580 年，十八岁的额亦都遇到努尔哈赤，随后跟随努将军一路搏杀。努尔哈赤打下的第一个城——图伦城，就是额亦都奋不顾身率先登上城墙的。

1587年额亦都领兵攻巴尔达城，率先登城，身上受伤五十多处，坚持拼杀，最终攻下坚城。努尔哈赤赐给他“巴图鲁”(勇士)的称号。

1593年击败九部联军的战斗，就是额亦都率小股人马前去诱敌，并率先反攻，率军队杀死叶赫贝勒卜寨。

在统一女真各部和对明作战过程中，几乎每一次大的战役，额亦都均未漏下，并屡立军功，努尔哈赤先后将族妹和自己的女儿嫁给他，额亦都成为努尔哈赤的女婿。

额亦都的二儿子长得英俊魁梧，努尔哈赤很喜欢，就把他放在宫里养大。后来这个儿子仗着努尔哈赤的宠爱变得骄横无礼。额亦都很不满，有一次把全家人召集到一起吃饭，然后对大家说：我这个儿子傲慢无礼，如果不杀死他，日后对大家一定没有好处。于是他把这个儿子杀了，然后禀告努尔哈赤，努尔哈赤非常感动。

努尔哈赤定八旗后，额亦都隶属镶黄旗，后金建立后被任命为顾命大臣，主管军事。

后来额亦都官至左翼总兵官、一等大臣。

1621年，额亦都跟随努尔哈赤攻陷辽阳，随后病死。他佐助努尔哈赤创业四十余年，战功卓著。

当他病重时，努尔哈赤“车驾临视，垂泣与诀”，死后又三次“亲临痛哭”。

1636年(后金崇德元年)，追封宏毅公，配享太庙，被誉为“忠勇忘身，有始有卒，开拓疆土，厥积懋焉”。大意就是为了后金的事业公而忘私，有始有终，四处征战，功劳很大。

安费扬古(1557—1622年)

这个人以及他的父亲对努尔哈赤的忠诚无人能比，努尔哈赤带领十三个人寻找合作伙伴攻打尼堪外兰的时候，他的父亲是合作伙伴之一，并且经受住敌人的威胁，始终没有背叛努尔哈赤。

后来努尔哈赤率兵攻打背叛自己的萨尔浒城主诺米纳，安费扬古身先士卒，率先攻打萨尔浒，并一举占领该城。

此后，安费扬古跟随努尔哈赤南征北战，立下赫赫战功，在努尔哈赤进攻哈达部的时候，在一次战斗不利中，努尔哈赤逃跑，坐骑被杀，努尔哈赤眼看就要被敌军抓住之时，安费扬古奋勇赶到，救了努尔哈赤一命。

努尔哈赤统一建州以后，把矛头对准了东海女真。这一次，几乎全部的战斗都是由安费扬古负责。说东海女真是被安费扬古一个人打下来的一点不夸张。

努尔哈赤攻破明边回师的时候，明将军张承胤率军追赶，努尔哈赤回击，安费扬古就是回击的主力军，他打败并且杀死张承胤。

在随后萨尔浒之战、辽沈之战、叶赫之战中，安费扬古都随军作战。八旗制定以后，隶属于镶蓝旗。后金建立后是顾命五大臣之一，和额亦都一起主管军事。

1622 年，安费扬古病逝。努尔哈赤评价他："我们要是遇到穿明朝人衣服的安费扬古、劳萨打过来，谁能抵挡？"努尔哈赤手下大将如云，而最猛的两个人中，就有一个是安费扬古。

日后他的子孙被顺治和康熙授予"阿达哈哈番"的爵位，位于"公侯伯子男"之后。

扈尔汉（1575—1623 年）

扈尔汉和费英东一样都是随着父亲归顺努尔哈赤的，刚投奔努尔哈赤的时候，他才十三岁。努尔哈赤很喜欢这个小家伙，就把他当成自己的孩子养。

等到扈尔汉长大以后，成为努尔哈赤身边的旗手，旗帜是军队的心脏，可见努尔哈赤对扈尔汉的喜爱。扈尔汉很感激努尔哈赤的养育之恩，每次上战场都是抱着必死的决心，每次都是前锋。

建州和乌拉曾经发生过冲突，扈尔汉带着三百人与乌拉一万军队对峙，为努尔哈赤调集军队赢得时间。

在消灭渥集部、乌拉部和萨哈连部的战斗中，扈尔汉都是绝对的主力。

萨尔浒之战中，扈尔汉先跟随努尔哈赤围歼萨尔浒的明军，又马不停蹄，接连打败马林，最后还作为阿敏的助手参与了对刘綎的伏击战。

八旗建立以后，扈尔汉隶属正白旗。后金建立后，他是顾命五大臣之一，主管扈从，就是负责努尔哈赤的安全。可见他和努尔哈赤之间的信任非比寻常，甚至超过了亲生父子。

攻打沈阳的时候，扈尔汉在城外击败明将军贺世贤，取得首战的胜利。

后升迁至三等总兵官（这是一个虚衔，只有名称，没有官位）。

1623 年，扈尔汉去世，努尔哈赤亲临他的葬礼。

何和理（1561—1624 年）

何和理也是随着部落一起归顺了努尔哈赤，他是董鄂部首领的孙子。何和理归顺努尔哈赤的时候已经二十七岁，算是一个大龄青年。何和理智勇双全。为了表示对何和理的赏识，努尔哈赤把自己的大女儿嫁给他。

后金建立以后，事务逐渐增多，努尔哈赤开始让何和理参与处理政务，这对于权力欲望极强的努尔哈赤来说，是最高程度的信任。

八旗建立，何和理隶属正红旗，后金建立后，被任命为顾命五大臣之一，主管行政。

在萨尔浒之战中，有记录称，努尔哈赤的战略和战术就是何和理一手制定的。而在东路战场，为了延缓刘綎部队的行军，何和理派直属部队拼死抵抗，硬生生将刘綎阻拦在长白山里，没有能够及时赶到赫图阿拉，为努尔哈赤消灭其他路线的明军赢得时间。

攻打辽沈的时候，何和理一直伴随在努尔哈赤左右。

1624 年，在前四位顾命大臣已经很凑巧地相隔一年相继去世后，何和理也因病去世。后来被追封“三等公”的爵位。仅次于费英东和额亦都。

五位顾命大臣的去世给了努尔哈赤极大的打击，得到何和理去世的消息，这位让明朝畏惧的后金创立者痛哭不止。

努尔哈赤痛哭道：这几位和我并肩作战的兄弟，你们为什么不能留下来陪我一起死啊？

五大臣几乎在同一时间走到努尔哈赤的旗帜下，又几乎在同一时间离开努尔哈赤，他们的去世给处在艰难时刻的努尔哈赤一个沉重的打击。

他似乎已经看到了自己的末日，他似乎已经感受到死亡的来临，他甚至有时候还会突然想到，明天太阳升起的时候，他还会不会醒来？

在最后一位大臣兼战友兼朋友去世以后，努尔哈赤才真正地感受到生命的脆弱与无助。他才突然间发现，自己已经六十五岁了。按照汉人的说法，六十岁是一个人的本命年。自己六十五岁，自己知道什么是一个人的本命了吗？自己的年号叫作“天命”，可是什么才是天命？

这些年，他的身边，无数的人来来去去，有的被敌人杀死，有的自然死亡，有的是被他杀死。

他不但手刃过仇人，也亲手杀过自己的弟弟、儿子。当他回过头来审视这几十年的战争生涯的时候，他突然感到无比困惑。

他开始思考，人的一生到底是为了什么？

这是一个所有人都无法回答的问题，即使经历沧桑如努尔哈赤，也不能找到这个问题的答案。

不管能不能找到答案，努尔哈赤有些事情都必须要做。

历史的脚步走到 1620 年，当费英东去世的时候，努尔哈赤就已经感觉到了潜在的危险。

他看到自己以及老一辈领导者的衰老甚至死亡，他看到后金权力层里面许多蓬勃的野心，他看到自己的儿子们的成长和越来越激烈的斗争。

他害怕，他担心，他不知道自己什么时候就会突然死亡，他不知道他死了以后，后金会变成什么样子。

他不希望他一手缔造的后金出现分裂，他不希望他的儿子们钩心斗角，为了汗位乃至日后的皇位拼得你死我活。

以前，后金的大小事情首先由顾命五大臣商量，重大的事情由努尔哈赤自己决定，小事五大臣直接决定。

但是现在五大臣有人去世了，而自己的儿子们已经长大了。努尔哈赤一个迫切的任务就是寻找他事业的接班人，然后维持后金的权力平衡。

他的大儿子褚英的疯狂表演给了努尔哈赤很严重的警告。他决定，让每一个儿子都进入决策圈，至于谁能成为最后的大汗，就看谁的表现更好了。

不偏倚的八王理政

当初努尔哈赤设立八旗是为了维护团结，而等到现在这个时期，八旗反而变成了孕育分裂的温床。他的几个儿子都有着卓越的战功，八旗的实力也都急剧膨胀，努尔哈赤没死，一切都没有问题，但是如果努尔哈赤死了呢？八旗听谁的？凭什么听他的？大家都是平起平坐，而且实力相当，互相打起来怎么办？

而且自己的儿子中间，隐然已经有形成帮派的趋势。天命元年（1616

年，万历四十四年）以后，八旗的八个贝勒以地位、权势和功名的不同，形成了四大贝勒和四小贝勒。

代善、莽古尔泰、皇太极、阿敏四个人，年纪比较大（皇太极 1592 年出生，时年二十四岁），战功多，实力强，称为四大和硕贝勒。

阿济格、多尔衮、多铎、济尔哈朗四个人，年纪很小，虽然也是旗主，但是基本上都是受大人摆布的，称为四小和硕贝勒。

四大贝勒不用说了，大家都想当上努尔哈赤的接班人，肯定斗得你死我活。四小贝勒也不简单，虽然他们年纪小，可是他们背后支持的势力年纪可不小，要是闹起分裂来，后金恐怕要分成八份。

所以，努尔哈赤决定，在他还健康的时候，要改变后金政策制定的方法。

他之所以想改变，还有更直接的导火索。

天启元年初，后金备战完毕，对于朝鲜是战是和，后金出现分歧。代善主和，皇太极主战。努尔哈赤本身是一个强人，可是不得不同意代善的意见，采取暂时与朝鲜讲和，先攻辽沈的方针。但是代善和皇太极之间的分裂却引起了努尔哈赤的警觉。

攻占辽沈之后，努尔哈赤提出迁都辽阳，八大贝勒之间又出现了纠纷。虽然最后努尔哈赤弹压了反对的声音，把都城前迁辽阳，但是内部的分裂已经很明显。

他不能容忍分裂扩大。

他采用了八王共理国政的办法——八旗的旗主共同管理后金事务。

后金天命六年（1621 年，明天启元年）一月，努尔哈赤召集了八旗的掌握实际权力人共同盟誓（年纪大的贝勒亲自来，年纪小的贝勒派代表来）。誓词里面说：希望自己的子孙能够和平相处，不能内部发生分裂，否则天诛地灭。

一个月后，努尔哈赤为了表示自己对四大贝勒并无亲疏远近，他又将部分权力下放，安排四大贝勒分月值班，处理国家机要事务。这是八王议政的雏形。

1622 年，后金占领广宁之后，大规模的军事行动告一段落。努尔哈赤抛出了自己考虑已经很长时间的方案：八王共议国政。

这个方案的核心有五点：

一是将原先四大贝勒共议国政改为八大贝勒共议国政；

二是努尔哈赤死后，继任者从八大贝勒中选；

三是八个贝勒拥有推戴、废黜新君的权力；

四是八大贝勒有权力决定是否更换不称职的贝勒，前提是七大贝勒形成一致意见；

五是打仗得到的财物必须八家平分。

为了监督八个旗主，努尔哈赤还派了八个大臣到八个旗主的身边。

这是努尔哈赤为死后所设计的政治体制。规定以后推举的共主称国主，不称汗，八旗贝勒称王；原来强调一切必须听从汗的命令，现在强调国主必须听从八王的话，如不听从，可以更换；原来由父汗任命大臣，现在规定由八大王共同议定任命大臣。

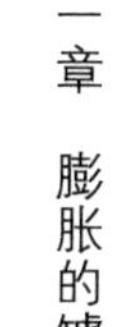

这种体制的最主要之点是在努尔哈赤死后，大大地限制了汗位继承人的权力，提高了八大贝勒集体共治的权力。

可是这种平均划分权力的办法，实质上还是原来的八旗制度，只不过以前的上级是努尔哈赤，以后的上级换了一个人。所以，八王共同议政日后一定会和八旗制度一样出现危机，而且出现的危机会更大。

因为日后，没有努尔哈赤了。

八旗制度有努尔哈赤这尊大神在上面罩着，出现的分歧到了努尔哈赤这里就被消弭。可是努尔哈赤死了以后呢？谁有那么大的威望和实力能够维护八旗之间危险的平衡？

平衡才是王道，制约才是核心。

绝对平均只会导致更加激烈的权力争夺，因为大家的机会都一样。绝对平均只能使后金的行政效率和决策能力大大降低，因为大家的权力都一样，没必要一定听谁的，而且各旗都有自己的利益，相互掣肘之下，什么事情也别想办成！

但是努尔哈赤没有那么深的政治经历，他想不到那么多。努尔哈赤一心想让他的儿子们能够保持这样一种平等而友好的关系，可是他这样想，不代表他的儿子们也这样想，即使有七个贝勒和努尔哈赤有一样的想法，可是只要有一个人不这样想，这种简单的平等会立刻破裂。

努尔哈赤没有预料到，他死后，他这种做法使得后金宫廷会出现变故。

他没有预料到，是因为他没有预料到自己会这么快死，他虽然已经六十多岁，可是他觉得自己非常健康。

所以他没有选择继承人，他打算等到他打入关内，占领北京的时候再决定，可是，他没有打到北京，他甚至没有打入关内，他率领的军队最远只到了宁远。

这个地方，他曾经到过，当时的宁远只是一座空城，他本来可以越过它，然后一路往前，可是他没有，因为他没有饭吃。

而当他收拾好自己的后院，准备越过宁远的时候，他绝望地发现，他再也没法越过宁远半步。

努尔哈赤没有想到，是的，一个人的一生有多少次能够想到？

他击败过无数明朝的将军，他不相信还会有人能够阻挡他，他不相信，偏偏就不得不信。

这个人叫作袁崇焕，一个令后世争论不休的人物，一个让努尔哈赤悲伤绝望的人物。

什么东西让你感到难以应对？

茅坑里的石头——又臭又硬。

什么人让努尔哈赤感到无比痛苦？

袁崇焕——我就在你的对面，你却拿我没有办法。

如果换作周瑜，恐怕会死在宁远城下——吐血身亡。

袁崇焕的出场，需要感谢两个人：一个是空想主义者，一个是战略家。

空想主义者是王在晋，战略家是孙承宗。

第十二章　永远过不去的坎儿

张鹤鸣在胡闹

熊廷弼和王化贞在辽西折腾了大半年，带回来的只有四十万无家可归的辽东居民和好几万逃难的士兵。

又到该追究责任的时候了！

熊大人和王大人双双被丢进了监狱。

有人下监狱，就有官位空出来。

按照此时官场一贯的情形，一个官位的背后总会有一条长龙般的队伍，每个人都削尖了脑袋地往前挤，只要在任的官员一离职，这群人就恶狗扑食般地抢着上位。

不过也有例外。比如这个辽东经略。

辽东经略，杨镐做过，判了死缓，关在牢里；袁应泰做过，在辽阳自杀；熊廷弼做过，现在也下了监狱，眼看活不成。

可见，这不是一颗好果子。

之前的辽东经略，虽说有点危险，但至少有权也有地。

现在呢？辽东经略？经略哪个辽东？辽东都让后金给占了！

而这个时候明朝的大臣们却都在忙着泼妇骂街似的争论：辽东到底要不要？

二战时候，太平洋战争爆发，日本偷袭了珍珠港，美国太平洋舰队主力全部沉入了大海。这个时候尼米兹被任命为太平洋舰队总指挥。别人纷纷向他庆贺，他却回道：这有什么值得庆贺的？一个光杆司令罢了，我的军舰全都沉到海底去了。

尼米兹的话当然只能算是一个玩笑，因为美国人很快就重建了太平洋舰队。

可是，对于辽东经略，明朝上哪儿再弄一个辽东来?

但是，地虽没有了，官还得有人来做。因为努尔哈赤要来了，山海关总得有人守吧。

这官谁来做?谁敢做?

张鹤鸣。

张鹤鸣挺身而出，上书天启，一面骂着熊廷弼丧师误国，一面主动请求担任辽东经略，奔赴第一线。

明知山有虎，偏向虎山行。张鹤鸣看起来是个狠角色!

天启很高兴，立马升了他的官，成了太子太保；给他穿上蟒衣玉带（很贵重的衣服，表示皇帝的重视程度）；赐了尚方宝剑（明朝尚方宝剑实在多）。

临动身的日子越来越近了，我们的张大人却突然病倒了。

天启得知消息，第一时间赶到了张鹤鸣的病房，身后跟着一个由大内御医组成的顶级专家治疗小组。

经过反复诊断、交流，专家小组给出了这样的报告：

人上了岁数，器官逐渐衰退，身体难免会出现食欲不振头晕乏力的状况，静养几日便可。

天启一看没事，也就放心了。

可几位御医是担心得腿都发软了。

张鹤鸣身体完全没病，他的那些状况，只要好好吃一顿、好好睡一觉就啥事也没了。

但御医敢说兵部尚书没病装病吗?御医又敢把没病的人说成有病欺骗皇上吗?

左右为难的御医只能开出这么一张看似有病又像没病的报告。

张鹤鸣呢，可能是在装病，也可能确实感到不舒服。

因为动身去辽东的日子越来越近，他是想吃也吃不下，想睡也睡不着。

张鹤鸣这一病，就病了十七天。一个感冒用上一个礼拜也就差不多该好了，一个没有缘由的不舒服竟然就拖了十七天。

张大人自己想想都难为情了。难为情不是重点，重点是天启不是傻子，自己再不动身，还没到山海关，自己就已经先到鬼门关了。

张鹤鸣终于出发了。

到任之后，他干了两件事。

第一件事：必先安内，因为安内比较容易，所以他整天派人抓间谍。

第二件事："团结一切可以团结的力量"，每天大摆筵席，陪着蒙古部人员公款吃喝。

这样逍遥了个把月，他突然递交了辞职信，理由：年老体弱。

看这张鹤鸣也真是的！既然"年老体弱"不想来，那当初何必那么积极地毛遂自荐呢？

毛遂自荐其实是被逼无奈。

首先，张鹤鸣是兵部尚书，国家有难了，你兵部尚书能推脱？

其次，熊廷弼与王化贞的"经抚不合"，张鹤鸣是光明正大地起着大作用的人物。他在天启面前抬高王化贞，贬低熊廷弼。

事实证明，熊廷弼确实不一定管用，而王化贞却是一定不管用。现在打败了，不仅辽东没收回，还把辽西给弄丢了，你张鹤鸣能说没责任吗？

张鹤鸣一看王化贞被打入大牢，等待处理，心虚了，生怕天启怪罪到自己身上，罢了自己的官，这才主动请命出任辽东经略。

可拖拖拉拉到了山海关后，张鹤鸣突然开窍了：原来跟乌纱帽相比，还有更重要的东西——自己的性命。有命没官做总比有钱没命花强吧。张鹤鸣早早地拟好了辞职信，缓了几天便把信交了上去。

天启收到辞职信，大可以骂一句"胡闹"，退回他的请辞。可是，他居然二话不说，当即就批准了。

张鹤鸣辞职了，那得再找人啊。

天启也不等底下那帮官员主动开口了，亲自点名，强行分派。

第一个点到名的是宣府巡抚解经邦。

解经邦死活不肯去，一个劲地以"才疏学浅，难当此任"搪塞。

后来天启恼了，既然没能耐，那就回家种地吧！罢免了他的官。

余怒未消，天启又开始打量起满朝文武。

"王爱卿，就决定是你了！"

兵部尚书王在晋颤巍巍地出列了。

王在晋爱空想

王在晋之前是兵部左侍郎。

张鹤鸣辞职之后，他就扶正了，成为现任兵部尚书。

听到天启念到自己的名字，他提到嗓子眼的小心脏“扑通”一声掉了下去，碎了一地，那个疼啊！

他一边出列，一边尽情搜肠刮肚，找寻一个完美的借口回绝天启的要求。

但怎么也不如意。

天启开口了：王爱卿，你是否愿意担此重任？

王在晋多想大胆一回，直接说“不”。

但天启余怒未消的声音，解经邦回绝无效的苦果，他之前的两个领导，一个关在牢里，一个在家种地——这一切都在威胁着他。一旦拒绝，可不是回家种地那么简单了。

如果答应，那山海关便成了鬼门关等着自己去投；如果不答应，那脚下的朝堂就立刻变成地狱。

早死晚死，王在晋还是选择了晚死——因为有时间总会有可能。

这一切都发生在短短两秒钟内，所以在天启和文武百官看来，王在晋是毫不犹豫地就答应了。

海底的风波，在表面看起来是那么宁静。

天启很高兴，百官也顿时轻松了。

王在晋穿上蟒衣玉带，手持尚方宝剑，快马出了北京城，奔向山海关。

这个人很勤奋，也有点胆量，到了山海关之后，立刻开始了艰巨而危险的工作。

和熊廷弼第一次经略辽东的时候一样，王在晋把山海关里里外外跑了个遍。

在这一点上，王在晋大人比朝廷里面大多数只会拿人品说事的官员要来得实在。至少，王大人能够亲身体验东北的局势，亲眼见到东北的环境。

现在，王大人已经在亲自准备防御东北的计划。

王在晋的确很辛苦地调查了山海关的形势，调查过自然有权发言，可是，如果调查过后得出了错误的结论怎么办？

牛顿看见苹果落地想到万有引力，我看到苹果落地想到这苹果熟了可以吃。

同一件事，每个人结论都不一样，不然也就没有熊廷弼和王化贞的意见不合。

很不幸，王在晋的结论就是错的。

他是一个空想主义者，计划看似很完美，可是却有着致命的缺陷。

他给皇帝的报告里面这样说：

“清河、抚顺的失败在于守将轻敌，萨尔浒失败在于统兵将帅轻进，广宁失守在于边将轻易出战。”

三个失败的原因说得马马虎虎，虽然不全对，至少有点道理。

“抚、清失守使辽东已经成了‘危局’，开原、铁岭失守使辽东已经成了‘败局’，辽沈失守使辽东成了‘残局’，丢了广宁使局面完全坏了，辽东没地方布置了。”

这话说得不错，好比一盘象棋，本来双方车马炮卒一应俱全，可是突然间小卒全被吃了，炮暴露在对手面前。紧接着炮又被吃了，还剩车和马，辽沈就是车，广宁就是马，现在车马炮都没有了，你还想挽回局势，的确有些不太可能。

不过，还有一个地方王在晋没有留意，从广宁到山海关还有一段距离，这中间有着狭长的地带——辽西走廊，左边是高山，右边是大海，这段地方为什么不能守？可能王大人没有去过，他一心想守住山海关，不能怪他。

基于以上的认识，他报告的结论是明朝必须退到山海关，关外不能要，也要不来。

守山海关这个决定是每个人都知道的，王在晋当然也知道。山海关一旦失守，明朝就要考虑迁都了。

但是，王在晋还知道，如果他的报告里面仅仅提到死守山海关，一定会被朝廷的官员们指责为不思进取、无所作为，这样以后回到北京城一定没有好下场。熊廷弼第一次被撤职就是因为总是防守。

所以，王在晋很聪明地提出一个建议，他说，这个山海关是不能丢的，所以一定要守住，但是如果敌军太强大，我们全部挤在山海关里也不是办法，迟早还是要被攻破，所以一定要在山海关的前面再修一个关口，这样新修的关口就是抗击努尔哈赤的前线，即使守不住，也能消耗掉努尔哈赤不少的力量，山海关的压力就会大大地降低。

王在晋的计划里，新修的关口在八里铺，山海关以外四公里的地方。

这个计划很狠毒，不死守山海关是正确的结论，但是修新的关口则是错误的结论，而且在四公里外修就更是一个错误的结论。

四公里的缓冲地带能干什么？

士兵跑步不到一个小时就可以到达，努尔哈赤是骑兵，十五分钟足够，万一八里铺被攻破，守卫的士兵往哪里走？爬山？跳海？回山海关？

说白了，八里铺就是一个为了掩人耳目的牺牲品。

或者说，八里铺只是一个不会打仗的官员空想出来的堡垒。

八里铺没有可以死守的条件，被攻破只是早晚的事，而八里铺一旦被攻破，山海关就直接暴露在努尔哈赤的面前，能否挡住，是一个大大的问号。

这是一个很危险的计划！

可是明政府偏偏对王在晋的计划很欣赏，拨了巨款专门支持这个计划。

王在晋不知道，明政府不知道，有人知道，他的这个想法刚刚诞生，就遭到了下属的质疑，而当他不顾质疑将报告递交上去的时候，他的下属干脆也递交了一份报告给了朝廷，直接点明王在晋计划的幼稚。

递交报告的人是袁崇焕，他直接把报告交给了首辅叶向高。

在袁崇焕的报告里，防线至少应该扩大到宁远。

后来，经过了历史证明，袁崇焕的这个建议是正确的。因为在以后的二十多年里，后金无论是努尔哈赤，还是皇太极，谁也没有能够越过宁远城，进入山海关。

叶向高以前是杨镐的后台，可见也是个不懂辽东局势的人，但是能当上首辅大臣，就不会是个傻子。

他不知道情况，拿不定主意，所以他找来了一个人，专门咨询关于东北的问题。他找来的这个人叫孙承宗。

现在的孙承宗是内阁大学士兼知兵部事。他也没去过东北，当然也不能给出什么结论，不过他说了一句话。

他说：既然无法决定，不如让我去看看吧！

孙承宗这一去，使得明朝真正具备了固守辽西、伺机反击的能力。

而努尔哈赤郁闷的老年生活就此开始。

这个人，了不得

孙承宗，简单介绍一下。

现在的保定高阳人，离著名的白洋淀很近。

据史书记载，这个人长得不像当时的读书人那样斯斯文文，弱不禁风，面白无须。他长得高大粗犷，一脸络腮胡子，很像猛张飞的样子。

他也不像普通的读书人“两耳不闻窗外事，一心只读圣贤书”，他年轻的时候就外出游历，这一点和写《史记》的司马迁很像。

不但在内地，他还经常跑到边塞去教书，他甚至沿着古代战场的遗址到处探访，这些地方很危险，靠近边塞，随时可能被敌军杀死。因此，他认识了很多常年驻守边疆的老兵，也精通明朝边塞的情况。

他把大把的时间花在了“旅游”上，直到四十二岁那年，才去参加科举考试，第一次考，就考了第二名——榜眼。

古代的规矩，前三名都要进翰林院。这个地方类似于学校，不是行政单位，但是潜在的规则是，没有进过翰林院，是不能当内阁大臣的。

后来，孙承宗成了天启皇帝的老师之一，天启皇帝很有趣，不喜欢当皇帝，喜欢当木匠，而且技术很好，连宫里的工匠都自愧不如。这个皇帝听别的老师上课都在睡觉，只有这个孙老师上课，皇帝很有精神。

辽沈失陷的时候，有人提议让孙老师去辽东，但是天启皇帝不希望自己最喜欢的老师去辽东，没有答应。

这次去辽东，也不过就是去巡视一番。

用一句话来评价孙承宗：

这个人很牛！

一个人是不是牛，要看他死后别人对他的评价。

他活着的时候，大家为了拍马屁或者面子上的问题，鼓吹一个人怎么怎么牛。可是当这个人死了以后呢，没有一个人再愿意提起他。

如果一个人死了以后，还有很多人说他牛，这个人才是真的牛！

有些人被称呼为“大师”。我们等着吧，等这些“大师”百年之后，要是还有很多人说他们是大师，甚至记住了他们，这些才是真正的大师。

有些人被赞学术水平高，写的书价值很高。好吧，我们姑且冷眼看着，看这书的作者死了以后，如果还有很多人看它，还有很多人引用，这本书才是真的有价值。

套用一句很俗却很有智慧的话来说就是：时间，是一切东西的试金石。

我们还可以大声呼喊：让时间来证明这一切吧！

时间，真的能够证明一切，孙承宗死了整四十年以后，清朝的史官开始写明史。中国写史的传统，多是按人来写，少按事、按时来写。

写皇帝的历史叫作本纪。写王族、后妃、著名人物、大臣的历史叫作列传。

明史一共二百二十列传，记载的人物上千，每个列传里面都有若干个人，少的两三个，多的十几个。

可是，只有一部列传，里面只有一个人，这就是列传第一百三十八。

里面的人不是徐达（明朝开国第一武将），不是常遇春（明朝开国第二武将），不是李善长（明朝开国第一智囊），也不是刘伯温（明朝开国第二智囊）。

不是王守仁，不是张居正，不是袁崇焕，不是史可法。

他是孙承宗。

他的列传里面只有他自己，还有一段文字记录他的儿子，大约一百个字。

这已经完全证明了他的能力和他的品格。

中国古代写史还喜欢在结束的时候加上一些评价。

给孙承宗的评价是：“国是如此，求无危，安可得也。夫攻不足者守有余，度彼之才，恢复固未易言，令专任之，犹足以慎固封守；而廷论纷呶，亟行翦除。盖天眷有德，气运将更，有莫之为而为者夫。”

我们翻译一下：如果明朝按照孙承宗的办法，就不会出现危险。孙承宗想打败后金不容易，但是防守后金的进攻却是绰绰有余，他不一定能够收复辽东，却一定可以守住。但是明朝却不再任用他，这是因为上天眷顾我们清朝，借明朝的手将他除去。

再翻译一下：如果不是孙承宗被明朝开除了，我们清朝永远不可能打入关内。

清朝人写的历史，都认为清朝人打不过孙承宗，如果不是得到了清朝皇帝的默认，在清朝那么严酷的言论控制之下，这个史官恐怕要掉脑袋。

史官不但写了，还安然无恙。

这只能说明一件事，孙承宗的成绩无法歪曲。

孙承宗不知道后世会给予他这么高的评价。他正忙着赶往山海关。

孙承宗来了，他来了以后和王在晋一样到处转悠，观察地形，评估敌我双方的形势。

调查过后的孙承宗也有了发言权。他把王在晋找来问话。

他们之间的这一段对话堪称经典！

孙承宗首先问道：王大人，你的新城建好之后，你是想从旧城调四万人过来守城吗？

王在晋以为孙承宗认同自己的计划，很高兴，赶快回答道：不是啊，我打算另外派四万人过来。

没想到孙承宗听到这个答案以后态度立刻转变。

他立刻连续追问道：这么说，这八里之内就有八万军队驻守了是不是？

一片石（长城上一个重要的关隘）的西边就没有兵驻守了是不是？

八里之内有两个关口，新城和旧城靠得这么近，旧城前面埋的地雷、陷马坑是给敌人准备的还是给我们的新兵准备的？

既然新城能够守住，为什么还要守旧城？

如果新城守不住，军队退下来，你是打算把城门打开让他们进来？还是打算把城门关上，让他们在城下被敌人杀死？

王在晋立刻傻眼了，他要是能想到这些事情，也不至于拿出那么一个可笑的方案，憋了半天，好不容易冒出来一句话：关外面还有三个关口可以让他们进来。

孙承宗立刻追问：既然都是打败了逃跑，为什么还要建新城？

王在晋还想争辩，回答说：我这就在山上建三个寨子，部队打败了可以

到这三个寨子里面避一避。

孙承宗彻底怒了，质问道：仗还没有打你连逃跑路线都准备好了，你是不是很希望我们打败？我们的军队知道进入那三个寨子，敌人难道就不知道也进去？你现在不想着收复国土，只知道躲在关内自守，有你这样的人，国家将永无宁日！

王在晋无语了，原本以为一个很完美的计划现在被人驳斥得一丝不挂。

一丝不挂也不要紧，王在晋还是辽东经略，孙承宗只是来视察工作的，辽东还是王在晋说了算。

孙老师口水浪费了一吨，嗓子哑了十次，可是王在晋就是不听。

不听？

孙大人有的是办法，他可是当今皇帝最喜欢的老师！

孙大人赶快回朝，趁着给皇帝上课的机会，他直接对天启皇帝说明了东北的情况，然后说这个王在晋能力太差，不能让他当领导。

天启皇帝听了老师的话，就撤了王在晋的辽东经略的官职。然后，孙承宗当即表示，自己愿意再次前往辽东，为国效力。

天启皇帝曾经拒绝让孙承宗出任辽东首长，一方面喜欢听他上课；另一方面估计也是明白这个辽东经略使的下场都不怎么好，万一老师去了，被大臣们批判，自己想救也没有办法救。

但是大明朝这个时候已经无人可用，天启皇帝只好同意了孙老师的请求，让他出任辽东经略。

为了表示对老师的尊重，他给了孙老师前所未有的权力，孙承宗有权处置北京以东地区的一切事务，而且天启皇帝亲自给他送行。一群大学士送至北京的崇文门外，另外还有国库八十万两银子的军费。

这是明朝历史上从来没有的决定，一个大学士、当今皇帝的老师亲自前往镇守辽东那么危险的地方。

布置东北的防御已经刻不容缓！这一年是天启三年（1623 年）。

孙承宗会防守

在前往山海关的路上，孙承宗签发了自己作为辽东经略使的第一份文件。

这是一份人事任免书。

江应诏制定军队制度，袁崇焕建设军营，李秉诚训练火器，赞画鹿善继和王则古管理后勤，杜应芳维修装备，孙元化筑炮台，宋献和程仑管理战马，万有孚准备木材，祖大寿辅助金冠守觉华岛，陈谏前往前屯帮助赵率教，鲁之甲安置难民，李承先训练骑兵，杨应乾招募百姓当兵。

一个优秀的统帅，能够“运筹于帷幄之间，决胜于千里之外”。孙承宗还没有上任，对做好长期防御就已经有了准备。

孙承宗明白，不管是主守还是主战，首先，都必须要守住。

如果守不住，哪里来的阵地进攻？

如果守不住，大明朝甚至有可能灭亡。

孙承宗也不想防守，可是不防守，怎么进攻？

在东北亲身调研并听取了包括袁崇焕在内的一批前线将领的意见之后，他的心中，已经有了一个防御计划的雏形。

事实上，在孙承宗回到北京城以前，一个庞大的防御体系已经出现在他的脑海里。他回京只是为了获得皇帝的支持，他也曾向皇帝详细介绍过这个防御体系的具体构想。

当然，这个构想距离日后坚若磐石的关锦防线还有很长的一段路要走，而孙承宗的目标也不仅仅是他对皇帝提出来的构想，这个想法太小了。

一旦获得了皇帝的支持，孙承宗回到山海关，这个庞大的防御体系就已经开始建设。

当然不能是死守山海关，这是绝路。

建立防线之前，孙承宗还有一件事要做：练兵。

打仗打的是什么？打的是人，打的是兵。没有人，建立防线有什么用？谁去守？谁守得住？

王在晋当辽东经略使的时候，可能是吸取了前面袁应泰等人的教训，认为士兵不能要关外的人，所谓“辽人不可用”，就是不能相信辽东的士兵。

孙承宗对此不以为然，他认为，内地来的士兵才是没有战斗力的，大家都想早点回家搂着老婆孩子，谁愿意拼命死战？

相反，辽东人就不一样，他们也是明朝人，都是逃难到山海关来的，他们的家在辽东，那里有满山遍野的大豆高粱，如今都被努尔哈赤烧毁，土地在辽东，被努尔哈赤占领，亲人也陷落在辽东。

他们有着强烈的反抗努尔哈赤的情绪，如果能够加以利用，打起仗来将是一支很可怕的军队。

为此，到了山海关以后，他立刻开始整编军队。当时山海关有军队七万人，都是前线逃跑回来的，战场上敢逃跑，胆色自然不小，到了安全的山海关，立刻暴露了本性。军纪？他们的字典里没有这两个字。

他们不但不遵守军纪，还冒领军饷，反正那个时候混乱，谁也不知道谁死了没有，孙承宗仔细检查后发现，七万人的军队居然领着十万人的薪水。

孙承宗立刻开始整顿军纪，他首先抓住了一百多个逃跑回来的将军，然后遣散回家一万多士兵，并且重新编制，五人一房，六百房一营，五营一部。当时一共有三部，士兵四万五千人。

同时他还整编了七千难民当兵，这些从辽东逃难回来的人对后金有着很深的仇恨，战斗力极强，他把这支军队派往当时最前线的前屯，靠近宁远城。而正常招募回来的辽东士兵就派往宁远守城。

这样，孙承宗就建立了一支在山海关以内地人为主、在宁远以辽东人为主的军队，即使有反叛，也不会威胁到山海关的安全。

有了军队，防线就可以建设了。在这条防线上，宁远是桥头堡，也是中心。

防御的核心在宁远，宁远在今天辽宁的兴城附近。

为什么选择宁远？这个地方袁崇焕竭力推荐，袁崇焕到了这里以后就和宁远干上了：我这一生要死就死在这里，我哪里也不去，就认准这宁远城了。

根本的原因是宁远的地理位置。

地理位置决定了这里就是迎战努尔哈赤的最好战场。

宁远在山海关外两百里的地方，处于辽西走廊的中部，锦州与山海关之间，三面环山，一面临海。

它的南面是大海，东面是首山，西面是螺峰山。两座山之间仅有一条宽一百米的通道，努尔哈赤如果想进攻山海关，必须经过宁远城，要想经过宁远城，必须从这条路走。

有些人对军事上所谓的必经之地感到不能理解，还有必经之地的说法？

我不走还不行？大不了绕道走。

的确，是可以绕道。

但是有些地方，你无法绕过去，比如宁远。

我们说过，这里是辽西走廊，西北面是绵延几百公里的高山，东南面是渤海。辽西走廊是进入关内的唯一通道，当然，除非你绕过大兴安岭，从蒙古高原往下攻打北京城，而且你绕过宁远也有问题，你绕过去了，宁远的军队难道不会从你背后攻击你？

有人说，宁远不是靠海吗？努尔哈赤从海上打过来不行吗？

的确，敌人会从海上来，但是敌人首先要有海军才行。后金军队没有海军，无法从海上进攻，一百米宽的路是努尔哈赤仅有的通道。

而且你能想到，孙承宗也能想到，他还有拱卫宁远的地方。

海上，距离宁远城不太远的地方，有一个岛屿，叫作觉华岛。

这个岛屿一向都是明军的后勤基地，也是宁远防御的一部分，为什么？

明朝的经济中心在南方，而敌人却在北方，每年都会有大批的物资从南方运送过来，走陆路效率低下，浪费严重，走海路却既快又省。何况明朝的京师在北方，为了维持北京的消费，几百年的海上运输早就非常发达。

这么多年和努尔哈赤交战，靠近前线的觉华岛早就被建成了一个巨大的仓库。明朝人知道努尔哈赤没有海军，所以很放心地把后勤中心建在这个岛上。

袁崇焕敢于死守宁远，大半的原因是有了觉华岛，他就可以获得源源不断的粮草、武器、火炮……

光是一个后勤基地还不行，孙承宗还打算把觉华岛建成一个全能基地，既能提供后勤支持，又能独立地完成进攻或者防守。

这样做的目的就是拱卫宁远城。努尔哈赤没有海军，明朝有。这个岛屿，退可以自保，进可以充当奇兵，孙承宗没有理由放弃。

有了觉华岛还不够，现在的人都知道三角形是最稳定的图形，有了宁远城，有了觉华岛，还差一个地方，这样就可以“三点一线”，形成三足鼎立，可以互相支援。

这个地方叫作前屯。

前屯在宁远的左边（努尔哈赤的右边），是孙承宗规划中“三点一线”

的左端点。就当孙承宗以为前屯是一片废墟，特意派人去修建的时候，他惊讶地发现，这里已经修建得非常完善，甚至还有军队上万人。

修建前屯的人叫赵率教。

这个人很奇怪，因为他曾经逃跑过好几次。

1621年，后金进攻辽阳，赵率教眼看打不过，就逃了。

本来是要处斩的，可是阴差阳错的，赵大人不仅没死，还继续当着原来的官。

1622年，王化贞丢了广宁逃跑，赵率教也跟着跑。

这就跑到了山海关，长期的逃跑生涯使得赵率教臭名远扬，没有几个人不知道这个逃跑将军的。

可能是长久受白眼的日子太难过了，赵率教决心要洗刷自己的耻辱。

等到王在晋来到山海关以后，赵将军作出了一个惊人的决定——他要出关，收复失地。

这个时候的关外兵荒马乱，谁也不知道努尔哈赤什么时候会打过来！

但是谁都知道，关外一直到广宁的路线上，是没有军队的！因为努尔哈赤即使想占领这条路线，他也没有那么多人。

大家知道那里没有敌人，可也知道敌人指不定什么时候就会打来，所以大家都不愿意出关，太危险了。

赵率教突然转了性子，他要出关。

出关就出关吧，王在晋心里还是很高兴的，有一个不怕死的人要去闯关东，不管成功还是失败总算是自己手下的人。

可是有两件事让王在晋惊讶不已。

第一是他要收复的地方叫前屯。前屯在宁远附近，谁都知道努尔哈赤是到了宁远的，谁也不知道努尔哈赤是不是走了。你去，找死啊？

第二是他要带的军队只有三十八人。这三十八个人还不是军队，是他的家丁，当然，家丁比普通军队还厉害一点，可是你三十八个人能干什么事？给人家塞牙缝都还不够。

可是赵大人居然就找到王在晋提出了这个匪夷所思的要求。而王在晋也不知道哪根神经不对，居然还同意了赵率教的计划，说：你去吧！

赵率教这就带着三十八个人出关，他的目的地是前屯，可是当他走到离前屯不远的地方发现，这里没有努尔哈赤，但是有蒙古部，蒙古部占领了前屯。

只有三十八个人的赵率教头脑发热冲上去大战一场，他在距离前屯很近的地方——中前所停下来，开始修建防御，收容难民，种田养马，训练军队。

第二年，孙承宗来到辽东，他知道前屯对于宁远防线的重要性，也知道赵率教在那里，他还知道这个赵将军当时去的时候只有三十八个人，他以为现在的赵将军过的是原始人的生活，于是就派了七千难民过去帮助赵率教。

这七千难民一到，赵率教的实力增加了不知道多少倍，他立马跑到前屯把蒙古部赶走，然后又开始修建防御，收容难民，强壮的当兵，老弱的种田养马，干得热火朝天。

孙承宗虽然派了七千人过去，一直放心不下前屯，他就亲自跑去看，不看不知道，一看吓一跳。

这里已经成为一个坚固的军事堡垒，堡垒后面是成片的农田，堡垒上站着无数的士兵。

他赶忙把赵率教找来汇报工作。

赵率教回答：我这里现在有流民六万，军队一万，武器粮食很充足。

原本还在苦思冥想该怎么守住前屯的孙承宗高兴得胡子都翘起来了。

他一高兴，把自己来的时候坐的轿子送给了赵率教，骑马回了山海关。

这样，很早就修好的觉华岛和刚刚修好的前屯加上还没有开始修建的宁远城，孙承宗完成了他第一步防御计划的核心：关宁防线。

这个防线的最前线是三个呈掎角之势的据点：前屯、宁远、觉华岛。

只有这三个据点还不足以阻挡努尔哈赤，防御体系也不能只是一条横线，还要有纵线，沿着狭窄的辽西走廊，孙承宗布置了大量的工事和武器。

等到第三年宁远工事彻底建好之后，关宁防线全线竣工。

这个防线是一个“丁”字形的。

前屯、宁远、觉华岛就是最上面的一横。宁远就是横线与竖线的交汇点。

竖线就是沿着辽西走廊布置的一系列防御工事。竖线的最下端，就是永远不能丢失的山海关。

宁远城与关锦防线

关宁防线的核心在宁远，所以宁远的维修最为重要，因此当其他的据点都相继完工之后，这个地方还正在加紧建设。

1622 年，努尔哈赤曾经到过这个地方，但是对于这个三面环山，一面靠海的地方，努尔哈赤丝毫不感兴趣，明朝有海军，即使他占领了宁远，也会受到无休止的骚扰，而且这个时候努尔哈赤的后金危机很深，他要赶快回去镇压骚乱，所以，到了这里，努尔哈赤就打道回府了。

宁远对努尔哈赤可能是个鸡肋，但是对于明朝，这个地方是绝对的关键。不然袁崇焕也不会对这个地方死心塌地。

天启三年（1623 年），孙承宗到了山海关以后，马上派祖大寿前去维修宁远城。派他去，是因为祖大寿就是宁远人。

祖大寿，吴三桂的大舅，和他外甥一样投降了清朝，不过他先后投降了两次。

孙承宗命令祖大寿去修建宁远城，可是祖大将认为这个宁远城根本守不住，维修只是浪费物资和粮食，所以一直拖延工期。

一年以后，孙承宗派袁崇焕前去视察，发现修了一年才修建了一个城门。

袁崇焕非常不满，于是就向孙承宗反映。孙承宗知道以后很生气，立刻撤换了祖大寿的修城职责，转而让袁崇焕全权修建。

同时，孙承宗还给袁崇焕派来了几个助手。

祖大寿是一个，他虽然修城不积极，但是这个人还是很有本事，日后我们才会了解他的本领。

还有一个叫满桂，他是蒙古族，世居宣府，这个人作战很勇敢。明朝规定砍下来一个人头升一级官，或者不升官，奖励白银五十两。

满桂或许是比较穷，或许就是喜欢钱，他从来不要求升官，只要钱。这么多年下来，满桂多次获得赏金。

所以满桂一直是个很小的官。

萨尔浒大败之后，明朝高级军官死伤无数，明政府只好提拔新人，满桂才算是升了官，专门守卫长城的喜峰口。

孙承宗管理北京以东的一切事情，满桂守着喜峰口，也是孙大人的属下，新领导上任，属下都要来汇报工作，满桂也来了。

满桂和孙承宗一见如故，相逢恨晚，满桂长得胡子邋遢，孙承宗也是满脸大胡子，满桂一直混迹在边关，孙承宗年轻的时候也是常年在边关生活……

一句话，我很看好你哦！

于是，满桂就没有回喜峰口，而是留在了山海关，成为孙承宗手下中军的统领，这是山海关守军的主力。而且由于满桂是蒙古族，他还亲自前往蒙古部落进行谈判，使得这段时间蒙古部落和明朝的关系很融洽，孙承宗的防御计划能够顺利地实施。

满桂没有因为升官而改变性格，他依旧是和士兵同甘共苦，一起训练。等到第二年，孙承宗让袁崇焕负责修建宁远城的时候，询问袁崇焕需要找哪些人帮忙，袁崇焕就说，我希望满桂能过去帮我，但是我知道满桂是大人您的心腹，担心您不同意。

孙承宗同意了，山海关的安危系于宁远，宁远安全了，山海关自然不会出现问题，于是满桂就跟着袁崇焕来到了宁远。

袁崇焕对宁远有至死不渝的感情，满桂是个实在人，两个人花了一年时间把宁远城修建得固若金汤。到天启四年（1624 年）的时候，宁远城的防御竣工。

随着宁远城的竣工，孙承宗从山海关调集大量的军队、火炮前往宁远城。同时由于这段时间东北局势的相对稳定，大批难民逐渐定居，土地得到开垦，兵源有了保证。等到袁崇焕修好了宁远的时候，整个关宁防线彻底完工。

两年内，孙承宗的成绩非常耀眼。

恢复了中前所、前屯卫等城堡四十七座，招募辽东兵三万，训练弓弩手五万，火铳手六百名。打造兵船一千五百艘，兵车六万辆，马、牛、器械、盔甲、火器无数，总计资金达百余万两。

安置辽民三十万，官兵屯田五千余顷。屯田得银十五万两，盐利银三万四千两，军卒采集青草，节省马草、马料十八万两。

天启五年（1625 年），随着关宁防线的巩固，孙承宗开始了自己逐步蚕

食的计划，他决定以宁远为中心，再向前推出两百里到锦州。

锦州位于辽西走廊的最东部，是关外进入关内的必经之地。

后金没有海军，除了在陆地上死磕锦州以外，没有其他的办法。

这样加上宁远与山海关的两百里地，一共形成了一道长达四百里的坚固防线。历史上把这条防线称作关宁锦防线，或者叫作“关锦防线”。

这条防线是孙承宗一生最得意的作品。即使孙老先生日后被炒鱿鱼，这条防线还是坚不可摧，事实上，明朝灭亡了，这条防线还在。

努尔哈赤打不过，他的儿子代善打不过，他的另外一个儿子皇太极也打不过。

因为，这条防线只有一条路可以走，就是攻破锦州，沿着辽西走廊前进两百里，这里埋着无数的地雷和陷马坑，然后是宁远、前屯、觉华岛，再攻破，然后再走两百里的辽西走廊，这里还是埋着无数的地雷和陷马坑，然后才会见到山海关。

大多数人都会感到绝望。

不绝望的，走过之后，打过之后，也会绝望。

高第只能逃跑

但是最先绝望的不是努尔哈赤，不是代善，不是皇太极，而是孙承宗。

这位已经六十二岁高龄的老人，他的毕生心血，完全倾注在辽西走廊的四百里防线上。

他知道，他的这条防线，只要还有人防守，便足以保证大明朝几十年甚至上百年的安宁。他知道，有了这条防线，他已经尽到了一个皇帝的老师应该有的责任。他在自己的晚年送给他的弟子天启皇帝一件刀枪不入的盔甲。

但是他不知道，即使是他这样身居如此高位的大官，也会被一群小人击败。击败他的不是对面的努尔哈赤，而是皇帝身边的一群太监。

该死的阉人！

内阁大学士，当今皇帝的老师，辽东经略使，孙承宗的每一个官职都足以让任何人震撼。

有的人羡慕，有的人敬佩，有的人嫉妒，而有的人则是忌恨。

忌恨的人就是魏忠贤！

魏公公高居中国历代大奸大恶太监排行榜第一位！他自称“九千岁”，表示自己只比皇帝小一点点，既然只比皇帝小一点点，自然比其他的人都要高一点点，其他的人当然都要听魏公公的话。

跟着魏公公的首先当然都是太监，大家的情况一样，有共同语言。这叫阉党。当然，阉党不只有太监，还有很多非太监人士。

魏公公想把持国政，就要打击不听话的，拉拢听话的。

打击的对象是东林党，孙承宗是东林党人。

这中间过程很复杂，钩心斗角，鸡鸣狗盗，尔虞我诈，全是一些见不得人的事情。反正结果是东林党被打败了，阉党执政。这可不是现在熟知的政党竞选，竞选失败下一次接着来。明朝的党争，谁失败了，谁就死得很惨。

现在很多观点同情东林党，说要是东林党在就怎么怎么样，结果阉党赢了，才怎么怎么样。

的确，阉党赢了，所以才怎么怎么样。但是，东林党赢了，也不一定就能怎么怎么样。

东林党是要求坚持皇权，减轻赋税，镇压腐败。可是，这些都只是说说而已，具体到行动上，没有几个会的。

就拿首辅叶向高来说，他是东林党的头头，他一开始支持杨镐，后来支持王化贞，结果如何？

打倒了东林党，还剩下一个人。

这个人是谁？孙承宗。

内阁大学士，皇帝的老师，辽东经略使，手下十万军队……

任何一个官位，魏公公都眼馋。但是，孙承宗不喜欢魏公公，换句话说，那时但凡稍微有些性格的官员，都不会喜欢太监。况且，自己的东林党还被魏公公整惨了。

拉拢不成，自然就只能铲除了。

肯定一个人需要千万个理由，但是否定一个人只需要一个理由。

这个时候，东北发生了一件事，使得魏忠贤有了借口。

天启五年（1625 年）八月，总兵马世龙，得到一个消息，说耀州这个地方，皇太极只带了四百个兵在巡逻。马世龙想趁机杀死皇太极，于是派兵袭击耀州，没想到这个消息是个假消息，马世龙的军队在柳河遭到伏击，死亡数百人。史称“柳河事件”。

阉党借机找到了借口，立刻开始攻击孙承宗的防御计划完全无效，而且辽东军队全都不堪一击。

东林党下台，能够帮助孙承宗说话的人已经很少。天启皇帝最担心的事情还是发生了，他虽然很信任自己的老师，可是如果大家全部都投不信任票，天启皇帝还能怎么样呢？

孙承宗知道自己的学生的处境艰难，就主动递交了辞职信。天启皇帝无可奈何，只能同意了孙老师的辞职，十月，孙承宗返回关内，回到了自己的老家。

接替孙承宗的人叫作高第，与阉党关系密切。

高第这个人，《明史》里面他的传一共四十八个字，加上后来的标点六十个字。

虽然字少，但是人物形象很丰满，里面有两句话很有意思。

第一句是“以恇怯劾罢去”。

第二句是“第窜免”。

第一句话说的是他当了短命的两个月的辽东经略使，因为胆小被炒了。

第二句话说的是清军入关，把他老家攻破了，他趁乱逃走，没死。

这两句话有一个共同点：这个人胆小，非常胆小。

胆小还敢来辽东？

不是他想来，他没有办法，这个时候他是那个倒霉的兵部尚书，他不去谁去前线？

高第只好去了。

但是留给高第的选择并不多。

他的上任只是因为形势的逼迫。阉党否认了孙承宗的成果，所以高第上任，不管他有多么好的计划，他都只能有一个选择：走孙承宗的反方向。

这不是正确不正确的问题。

如果高第到了辽东，一切都和孙承宗的时候一个样子，一步一步地推进，那当初为什么要罢免孙承宗？

所以摆在高第面前的路只有两条，一是集结军队，进攻后金；二是集结军队，撤回关内。

高第很胆小，他没得选择，所以他决定撤退。

从哪里开始撤是个问题。这个时候关锦防线已经建成，最前线的地方已经到了锦州前沿的大凌河。高第作出了决定，就从最前线开始撤，全部撤回山海关。这样，即使后金打过来，他也来得及跑。

撤什么也是一个问题，高第下命令，前线所有的军队、居民、牲畜，能搬走的，能推着走的，全都搬回去。

孙承宗辛辛苦苦花了三年时间建立起来的不破堡垒就这样破碎了。

四十七个据点，四百里防线，十万军队，三十万平民，说走就全走了。

1622 年熊廷弼烧过一次，这里不长草。好不容易在废墟上重建了家园，1625 年，又要烧光，又要不长草。

当高第骑马跑到一个地方的时候，他遇到了一个硬骨头，这个人说，我不走。

袁崇焕不怕死

这个地方是宁远城，这个不怕死的人是袁崇焕。

跟袁崇焕一起留下来的还有前屯的守将赵率教，这个以前的“逃跑大王”如今洗心革面了。

袁崇焕，前面提到过，现在详细介绍一下：

广东东莞人，现在的好地方，明朝的时候是个穷乡僻壤，袁崇焕考上进士，说不定是东莞几十年才出的一个杰出青年。

打小，他就是一个军事爱好者，为人慷慨、胆大。有一点和孙承宗很像，他喜欢向一些退伍的老兵询问边塞的事情，因此他对边疆的形势比较了解。常常对人说自己的未来在边疆。

天启二年（1622 年），袁崇焕进京述职，认识了一个御史，这个御史认为他和一般的读书人不一样，通晓军事，就提议让他担任兵部职方司主事。

这个时候，刚好王化贞在广宁打了败仗，朝廷上下都在议论是不是应该退守山海关。袁崇焕干脆一个人骑着马晃晃悠悠地跑到山海关，把关内外的情况考察了一番。

袁崇焕好多天不上班，兵部就派人去他家里询问，结果他家里人也不知道他去了哪里。

袁崇焕就这样去了一趟关外，回来以后就写了一份报告递了上去。

本来你一个小小的主事，写的报告谁看啊。可是袁崇焕的报告不一样，这是一份推荐信，他推荐自己去守关外。

这封信有理有据地分析了山海关的形势，并且表态：只要朝廷给我军马钱谷，我一个人就能守住。

这个时候的明朝廷，就是不知道派谁去送死，刚好有一个不怕死的自己送上门来了。管你前面说的形势对还是不对，等的是你最后的话。

准！

朝廷立刻升了袁崇焕的官，让他当了王在晋手下的佥事（副将），拨给他二十万两银子的军费，让他去关外防守。

王在晋也听说了这个不怕死的人才，对他很重视，但是王在晋的热脸贴了袁崇焕的冷屁股。

王在晋要建八里铺，袁崇焕反对，王在晋让袁崇焕去建八里铺，袁崇焕不去，不但不去，还向上级打了小报告。

就是这个小报告引来了那条大鱼——孙承宗。

孙承宗一到，袁崇焕立刻开始前后左右地跟在他屁股后面，一个劲地说宁远城多么多么重要，一定要守住。

他说：给我五千人就能守住，宁远距离山海关二百里，往前可以占据锦州，即使不能前进也可以守住，为什么把十万军队全部放在山海关这个地方？

天启三年（1623年），孙承宗决定守卫宁远，袁崇焕当仁不让地成为守城人选。和他一起去的还有前文提到的满桂。

袁崇焕尽心尽力地维修宁远城，还把防线扩展到锦州。

这个时候，高第来了，他大手一挥，说了一个字：撤。大家伙就全散了。

但是袁崇焕没有撤。

在面对高第的时候，他说了一段话，其中一句：“我宁前道也，官此当死此，我必不去。”

白话文是：“我是宁远的守将，在这个地方当官，就要在这个地方死亡，我一定不会撤退。”

与他并肩战斗的还有赵率教、满桂、祖大寿、何可纲。高第撤退的时候是1623年的11月，已经进入冬季。

袁崇焕知道高第的撤退让自己的宁远城变成一座孤城，除了据城死守，他没有其他的选择。而且他也知道，高第一撤退，努尔哈赤就会尾随而来，冬天的后金军队战斗力更强大，而且他们缺的粮食可以从明朝这里抢。

果然努尔哈赤已经杀过来了。

袁崇焕立刻开始布置死守。

宁远的武器早就已经准备就绪，差的只是一些细节问题。

首先增强凝聚力。高第的撤退让城内的士兵、居民人心惶惶。为了增强守城军民的士气，袁崇焕集合全部士兵，亲自向他们跪下，说：我们已经没有援军，有的只有我们自己，所以如果我们自己都不能拯救自己，谁还会来拯救我们？说完把自己的手臂割破，写下血书，杀牛祭天，表示要和宁远共存亡。

其次是坚壁清野。你努尔哈赤不是专门抢东西吗？我把城外的东西全搬到城里来。不能搬的，像房子之类的，全烧了。你努尔哈赤的军队来了，不但没住的地方，没吃的东西，连能够掩护的障碍都没有。这么冷的天，你努尔哈赤的军队没有地方隐藏，站在路边上做冰雕吧。

然后是动员平民守城。宁远的军队只有一万人，但是居民人数不少，反正宁远有海上的补给，不怕人多，就怕人少。袁崇焕动员当地的平民带上武器前来守城。

最后是分配军队任务。袁崇焕知道努尔哈赤喜欢搞间谍，他派人组织一支部队，专门搜索间谍。还组织一支部队专门负责战场宣传。他还特别警告前屯守将赵率教，要封锁士兵后退的道路，只要发现人逃走，立刻杀死。

袁崇焕在一切准备就绪以后，对全城的人说：如果大家能够死守宁远，我袁崇焕日后做牛做马也会报答大家！

说完，努尔哈赤来了。

从未有过的失败

从努尔哈赤在宁远往回走开始，这三年里，他并不是没有尝试过攻打明朝。他想探听一下明朝正在修建的关锦防线的虚实，于是在锦州刚建好的时候，他让他的儿子代善带兵去攻打，结果被明朝军队打得大败，狼狈地跑回来。

受到教训的努尔哈赤乖了不少，一直没有大规模地进攻明朝，没办法，那锦州太坚固了，打不下来。

但是1623年下半年，正在为准备过冬的粮食发愁的努尔哈赤得到了一个好消息：明朝的那个和自己差不多大的老家伙孙承宗被明朝的皇帝炒鱿鱼，回家钓鱼去了。

努尔哈赤很爽，没有了这个老姜，他攻打锦州的压力会小不少。

然后，这还不是最好的消息，随后又传来一个幸福的消息，这个巨大的幸福差点让努尔哈赤晕过去。

这个消息就是接替孙老头的高第居然从锦州撤退了。不但是锦州，几百里的关锦防线全都撤退得一干二净。

努尔哈赤一开始还不敢相信这个天上掉下的大馅饼，他专门派人去查看，查看的人回报，的确走得一个人都不剩，有好些地方还有没有搬走的粮食。

努尔哈赤正在为当初没有占据锦州后悔得肠子都青了。

他立刻下令，十万军队集合！目标：山海关！

果然和情报所说的一样，努尔哈赤的军队很轻松地就越过了大凌河，越过了锦州。一路上，除了遇到几只野兔和几个没跑掉的明朝士兵以外，他的军队连个活的生物都没有见到。

1626年，努尔哈赤带领大军来到了宁远城，让努尔哈赤感到意外的是，这个孤城居然还有军队在防守。

努尔哈赤感到很好奇，自从他起兵以来，除了在前面的锦州曾经碰了一鼻子灰以外，谁能够阻挡他的脚步？而且是在这么一座孤城。

努尔哈赤找来一个半路抓到的士兵问话。

“你们是不是全撤了啊？”

“是啊，不是，听说有一个人没有撤，叫什么袁崇焕的。”

虽然没有听说过这么个人，但是按照努尔哈赤的习惯，他还是派出了使者去劝降。信里很狂妄地说道：我率领三十万大军，你赶快出来投降，还给你官做，不然就别怪我不客气了。

袁崇焕回信：这个地方是你不要的，现在既然我都已经修建了宁远城，你用脚底板想一想也知道我不会投降。况且你说的三十万大军不过十三万而已。不过我袁崇焕不嫌少。你就放马过来吧！

努尔哈赤手一挥，攻城！

袁崇焕正和路过的朝鲜官员闲谈，部下来报，后金军队准备攻城。袁崇焕带着这个朝鲜官员一起登上城楼，谈笑风生。顷刻之间，炮声巨响，震动天地。

袁崇焕笑着说：敌人已经来了。说完之后半天没听到动静，回头一看，那个朝鲜官员已经嘴唇发白，快要晕倒了。

攻城战开始。

在古代，想要进城，就必须突破城墙，所以攻城是各种战争类型中最残忍的一种，特别是面对那种高大坚固的城墙，如果城内补给充足的话，攻城一方都会经历无数士兵死亡的痛苦。

由于攻城都是发生在一些关键的城市，所以不管是进攻方还是防守方，都费尽心机发明各种各样的办法来进攻以及防守。

什么云梯啊，投石机啊，冲车啊。反正就是不管死多少人，必须占领城墙或者攻破城门。即使用尸体堆出一个梯子，也在所不惜。

人命？就如同一根野草！

后金攻打了很多明朝的城市，也发明了不少攻城的武器和战术。

当然不能是步兵或者骑兵冲到城下拿刀去砍城墙。

冲在最前面的是几个浑身都穿着厚厚的装甲的重装步兵，这几个步兵的任务是推着一辆车往前冲，这种车用槐树或者榆树做成，有点像现在的装甲车，上面覆盖着好几层浸过水的牛皮，底下藏着几个拿着大锤的士兵，这种车，火烧不着，箭射不穿，等到把车推到城下，车下面的士兵就可以攻击城墙。

等到守城的军队注意力全部放在如何消灭正在攻击城墙的敌人的时候，

第二波次军队上阵，这是弓箭手。因为如果要攻击城墙下的敌人，守城的士兵一定要把身子探出城楼，这就给了弓箭手机会。

如果守城的人转移视线，攻击弓箭手，弓箭手立刻撤退。

这样，几个回合下来，一般的城墙都会被攻破。然后就是骑兵出场。

努尔哈赤的精锐就是骑兵，城墙被攻破，骑兵一上阵，战争基本上就结束了。努尔哈赤想故技重施，但是他这一次却没能如愿。

攻城一开始完全按照努尔哈赤的节奏前进，首先集中攻击的是城墙的西南角。

先是很多辆车冲到城下，铆足了劲攻城墙，然后等着城墙上的士兵探出身子来以后，弓箭手上阵。

不过这一次弓箭手上阵，却遭遇了完全的失败。

因为明朝人有了一种新式武器，这种武器叫作“红衣大炮”。

明朝人不缺少火炮，自己也能造，元朝的时候国产火炮就有了雏形，当时叫作“火铳”，这种火炮比较原始，基本上属于一次性产品。

“火铳”很多都是铜铸造的，当时技术不过关，不能用铁，因为密度不够。但是一来铜很贵，因为它是铸造钱币的材料；二来铜虽然很轻，可以两三个人抬起来，但是铜很容易变形，火炮发射一次会产生高温，铜不耐高温，容易走形，打个几炮基本上就报废了。所以我们说萨尔浒之战明军的火炮其实作用不大。

不过，最近几年，明朝从荷兰人手中搞到了一种新的火炮，因为明朝称荷兰人为“红夷”，所以这种炮叫作“红夷大炮”。又因为明朝官员往往会在这些火炮上盖红布，所以后来就讹传为“红衣大炮”。

这种火炮，是完全的铁铸造的，炮筒长，炮身厚，射程远，而且，最关键的一点是，随这种炮而来的是新型的炮弹——开花弹。

以前明朝的炮弹是铁弹、石弹和铅弹，这种炮弹杀伤人主是靠砸死，对待坚固的东西效果不好。但是现在有了开花弹，就可以炸出弹片，杀伤面积和杀伤效果呈几何级数上升。

袁崇焕很有谋略，他用了两招，第一，他一开始用的还是过去的火铳，显得一副无可奈何的模样，然后等到努尔哈赤的弓箭手甚至是骑兵集合准备攻城的时候，他的“红衣大炮”开始准备。

第二，是当努尔哈赤的“锤子兵”在使劲地攻击城墙的时候，袁崇焕用了一个比较新型的玩意儿，他建了一个长长的木箱子，里面装着带着武器的士兵，然后把这箱子放在城墙上，推一半出去，另一半派人固定住，这些木箱子像是空中楼阁一般悬在半空，其中的士兵就可以看见城墙脚上的敌军，然后放箭开始攻击。

事实上，这种木箱子攻击锤子兵的效果不好，因为人家上面有牛皮盖着，所以这些牛皮都跟刺猬一样扎满了箭，但底下的人一点事也没有。

不过，放箭不是袁崇焕造这些木箱子的目的，他的目的在后面。

果然，锤子兵的努力使得城墙开始出现裂缝，努尔哈赤的弓箭手和骑兵开始集合，当后金部队越来越集中的时候，“红衣大炮”向世人揭开了它神秘而残酷的面纱。

努尔哈赤等的就是锤子兵的成果，见到城墙出现了缝隙，他的部队立刻开始冲刺，然而等待他部队的是来自万里之外的武器，这个武器让努尔哈赤梦中都会惊醒。

一座座火炮吐出了火舌，无数的开花弹落在了后金的马队里，这些炮弹碎裂成无数的弹片，他的骑兵和战马就一片片倒下，而他的弓箭手也被受惊的战马踩成了烂泥。骑兵还没有到城墙下就已经死伤无数。

努尔哈赤惊呆了，他何曾见到过这种威猛的武器，眼看自己的士兵一批批地倒下，他的心开始滴血，他第一次有了撤退的打算。

但这只是打算，因为他看到城墙下的那些“锤子兵”还安然无恙地奋力攻击，而城墙已经有了大洞。

不能放弃，他立刻派上了更多的“锤子兵”，他决定，即使代价再沉重，他也要一鼓作气拿下宁远城。

但是，局势已经不在他的掌握之中，袁崇焕的木箱子开始了它的真正使命，箱子里面的士兵收起了弓箭，拿出了沾上油料的木头、棉花，裹上火药，用铁链系上，然后送到城下锤子兵的车上，点火。

后金攻城车上的牛皮浸了水？用火烤干。

这些攻城车纷纷起火，爆炸，锤子兵没有了保护，几乎全军覆没。

没有了锤子兵，后金的骑兵只能呆呆地看着城墙，然后你看我、我看你，再最后看一眼这个地球，随后被火炮炸死。

努尔哈赤的第一次进攻算是彻底被打残了。这一场攻城战一直从中午持续到深夜，后金军队的尸体在城下堆积如山。

努尔哈赤被迫撤退。

红衣大炮伤裨王

努尔哈赤不是怕死的人，当年他十三副盔甲都可以雄赳赳地去攻城，何况现在的他手中还有十万精锐的八旗士兵，何况现在自己不用冲到最前面送死。

虽然这一次被迫撤退，那是因为他没有料到明朝突然间多了那个莫名其妙的武器和那种怪异的打法，所以吃了大亏。

这不代表努尔哈赤会放弃，况且，他也知道，别看宁远城的袁崇焕嚣张得很，但是越嚣张的人越没有底气。

兵书上教导：一支军队，如果外表看起来病恹恹、无精打采的，那么这支军队的战斗力往往很强；如果外面看起来精力饱满、兵强马壮的，那么这支军队是常常装样子的。

当然，这些兵法都是针对某些战争的经验，而不是普遍理论。

努尔哈赤知道第一天的袁崇焕威武得很，军队显示出旺盛的生命力，其实没多少积蓄。宁远城不就那么一点兵，不就那么点人么！自己虽然死的人多，但是袁崇焕死的人也不少，不然也不会用那种不要命的打法。

就是耗，也会把你的人给耗光。

这句话，我们似乎在哪里听过，好像以前的杨镐就抱有这么一种思想，我人多，我耗死你。

努尔哈赤咽不下这口气，他也准备采用人海战术。

次日一早，后金的军队再次无畏地冲上去。

努尔哈赤的猜测是对的，第一天的进攻已经使得袁崇焕耗掉了大半的能量。

城墙被敲开了三四个数米高的大洞，士兵也死亡惨重，武器可以从觉华岛上运，衣服也可以运，但是人从哪里来？城墙从哪里来？

而且袁崇焕自己也受伤不浅。虽然他已经怀有必死的信念，但是愿意死不代表想死，谁都想活下来，打败对手。

火炮虽然犀利，可是毕竟只有那么几十门。

第二天努尔哈赤打过来，自己拿什么去补城墙，怎么去杀敌？这个时候，有个人拿出了两个绝妙的办法。

这个人是宁远通判金启倧。

第二天，后金军队又一次冲过来。

当他们冲到城墙下面的时候，发现地上有很多的棉被。

袁崇焕原本实行的就是“坚壁清野”，后金军又没有后勤，当时正是寒冬季节，这群后金人早就冷得不行了，看到这些丢在地上的棉被，就纷纷去捡。

他们没有心情去思考这是不是明朝人的计策，而且他们也没有那个能力去思考这会不会是一个陷阱。因为他们以前面对的敌人都没有耍过什么计谋。

天上不会掉下馅饼！地上不会长出棉被！

这些棉被，外面铺着稻草，里面裹着炸药。

这是通判金启倧的第一个办法。

这个士兵的发明创造，叫作“万人敌”，最早的燃烧弹的雏形。

努尔哈赤曾经的五大臣之一费英东也叫作“万人敌”。这个时候费英东已经死了，而新的“万人敌”横空出世。

明军等的就是后金人去捡。他们拿出了弓箭，射出的是火箭。

着火的“万人敌”就像燃烧的死神，大批大批的后金军队倒下。

这个时候的努尔哈赤已经不再考虑部队的伤亡，他的马刀始终高高举起，而他的部队也只有努力向前。

一步一个血印，后金军队总算到了城墙下面，而面前的城墙，再一次让后金人感到绝望。

第一天的大洞都被修好，而且所有的城墙还加了一层铠甲。

这个铠甲是冰！

寒冷的东北，滴水成冰。

这是通判金启倧的第二个办法。

他让士兵把城墙上都洒上水，瞬间城墙上都结了一层厚厚的冰。

被撞出洞的城墙，先用稀泥糊上，然后再洒上水，冻土的坚固甚至比砖块石头还要坚固。因为寒冷，砖块石头很脆，而冻土却不用担心。

无数的后金士兵，用刀砍，用斧头劈，甚至用手抠，用脚踢，宁远城墙固若金汤。而城墙上的“红衣大炮”依然在不断地发射。

这是一次惨烈的自杀式进攻。看着身边的人无谓死亡，后金军终于感觉到了恐惧。

从他们起兵开始，他们从来没有恐惧过，他们的心里，只有城市，只有补给，没有恐惧。

但是，在宁远城下，他们终于暴露了他们的弱点，他们也怕死。

于是“其酋长持刀驱兵，仅至城下而返”，后金的军官们拿着刀逼迫军队往前走，可是一走到城下，就全部往回跑。

往回跑不是个事啊，你要有借口，所以往回跑的士兵每个人都抱着一具尸体，也不管是自己人还是明朝人，扛着一个就往回走。

扛回去的尸体，全部就地烧毁，可能是怕污染环境，环保意识还是不错的。

眼看自己的军队不往前走，努尔哈赤急了，他一着急，干脆把指挥所搬到了前线，亲自指挥战斗。

努尔哈赤来了，后金的军队不敢不上，全都发疯了似的狂攻。

宁远城只有一万军队，而后金却有十三万人。人多的确力量大。宁远城也不是铜墙铁壁，袁崇焕也已经是强弩之末。

眼看努尔哈赤即将胜利，袁崇焕即将殉国的时候。城墙上某一座大炮，发射了某一颗炮弹，这某一颗炮弹击中了某一个人。

在这血肉横飞的战场上，被炮弹击中的、被弹片击中的人成千上万，死去的也成千上万，击中某一个人有什么好提的？

本来没什么大不了，关键是这某一个人恰好是那一个人。

哪一个人？

后金国大汗努尔哈赤。

关于这一炮击中的是不是努尔哈赤，历史上纠缠不休。

清朝人干脆没有记载。

明朝人有很多记载，但是说得很隐晦，比较详细的记载是这样说的：

“炮过处，打死北骑无算，并及黄龙幕，伤一裨王。北骑谓出兵不利，以皮革裹尸，号哭奔去。”

就是：“宁远大炮炸死的后金军队不计其数，有一炮还击中了绣着黄龙的帐篷，击伤了一个大人物。后金人认为出师不利，拿毛皮把死去的士兵裹着，大哭着跑回家了。”

反而是在宁远的那个朝鲜官员日后回忆，说当时的努尔哈赤受了重伤。

怎么受的伤？只能是火炮。

不管是不是努尔哈赤受了伤，也不管伤得严重不严重。这场攻城战，努尔哈赤是彻底失败了。

但是，这是一场拼消耗的战争，谁坚持的时间长，谁的决心够狠，谁就能赢。努尔哈赤的失败就是输在了他一直以来的强项上：狠。

不是他狠不起来，而是他的部队已经狠不起来了。一直以来，他的部队都是为了争取生存而战斗、抢劫财富而战斗。但是攻打宁远的战斗中，他的部队没有看到生存，只看到死亡，没有看到财富，只看到裹了炸药的棉被和空荡荡的地面。

而袁崇焕则和努尔哈赤调换了位置，以前的明朝军队为了军饷而战斗，宁远的明朝军队是为了生存和仇恨而战斗。

这是一座孤城，没有援军，要想活命，必须击败对手。这里面的军队都是从辽东逃难回来的人，他们对努尔哈赤有着刻骨的仇恨。

当明白了这一点，就会知道，即使努尔哈赤没有受伤，战斗的结果也很难让他满意。

屠岛泄恨：觉华岛的悲剧

努尔哈赤的确不满意，所以当他身受重伤（或者是装出来的伤，为了掩饰失败）大撤退的时候，为了表示自己的存在，挽回一点颜面，他派遣军队进攻了身为宁远后勤基地的觉华岛。

等等，觉华岛不是在海上吗？后金不是没有海军吗？他们是怎么上去的？

是的，觉华岛在海上，后金也没有海军，但是我们是否想起宁远城墙上的冰层？能够在一夜之间在城墙上结成厚厚的冰层，可见当时的天气是何等的寒冷。

海面结冰了！

在宁远城下的失败使得努尔哈赤无比愤怒。他的矛头立刻指向了不远处的觉华岛。1626 年 2 月 19 日夜晚，努尔哈赤开始转移军队，留下一部分继续攻城以外，大军已经逼近觉华岛。

宁远是一座城市，而觉华岛只是一座岛屿。明朝人没有想到后金能够从海上过来，所以他们没有修建任何的防御工事，而且他们都是步兵。

于是当努尔哈赤的骑兵踏过冰面，登上觉华岛的时候，他们的面前是七千名毫无准备的明军和七千名手无寸铁的平民。

这才是一场屠杀，斩草除根。

粮料八万余石和船两千余艘都被后金军焚烧，后勤基地被摧毁。

后金总算是挽回了一点颜面。

得到努尔哈赤撤退的消息以后，袁崇焕又出了一招，他派人去送信，信里面说：你这个老家伙横行天下，今天输给我这么个无名小卒，正是苍天有眼啊。

努尔哈赤表现得很镇定，还送了一匹马给袁崇焕，表示要约个时间再打。

袁崇焕打了胜仗，根本就不理睬他，还趁后金撤退的空当，出城抢了一堆武器回来。

第十三章　那个推不掉的日子

最后的礼物：蒙古

1626 年 2 月 27 日撤退，3 月 9 日，努尔哈赤回到了都城，心里很郁闷。

能不郁闷吗？他对手底下的人说：我从二十五岁开始就打仗，从来就没有打输过，为什么竟然连小小的宁远都没有打下来？

原本受了重伤，加上惨败给袁崇焕，还被袁崇焕言语羞辱，努尔哈赤病了。

不过，随着他进攻宁远的失败，很多危机开始暴露。

战争是最好的转移矛盾的办法，但也是很多矛盾出现的原因。

因为战争，他死了很多人，但缺粮缺衣的问题得到了缓解。

因为战争，很多敌对势力开始膨胀。

最危险的，就是蒙古各部。

蒙古当时四分五裂，互相打个不停。当然进攻明朝的时候大家都很团结。而后金的建立也成了蒙古各部的心腹大患。

这一次后金输给了明朝，这些蒙古部开始变得更有侵略性。

因为他们知道努尔哈赤受伤了，生病了，不会来管他们了。

错了，努尔哈赤是受伤了，也的确生病了，可是努尔哈赤还是来了。

努尔哈赤或许是知道自己已经活不了多长时间，所以等回到都城不到一个月，他立刻率军攻打蒙古各部。

蒙古喀尔喀部一直对后金阳奉阴违，努尔哈赤的第一个对象就是喀尔喀部的巴林部。1626 年 4 月，努尔哈赤亲自率大军出征蒙古，很快就击溃了巴林部。

在明朝损失的东西，努尔哈赤要在蒙古各部身上捞回来。努尔哈赤率自己的军队进行了自己一生中最后一次征伐。

他带兵洗劫了蒙古各部，一路上遇到的人、畜、财物全部放进自己的口袋。

半个月，一共抢到人畜六万多，同时还收服了喀尔喀部。

眼看喀尔喀部落的惨状，科尔沁部害怕了，科尔沁部也不好，当年九部联军的时候，科尔沁就是其中的积极分子。

可是时过境迁，现在的努尔哈赤动动手指头就能把科尔沁部玩死。六月，科尔沁首领主动前往努尔哈赤的家中，表示愿意和努尔哈赤永远和好。

果然，由于后金乃至后来的清朝一直坚持了努尔哈赤的政策，皇族不断地联姻，直到晚清，蒙古族也始终没有背叛，已经快要死去的努尔哈赤给他的子孙们留下了最后一份礼物——蒙古。

和科尔沁结盟后的一个月，努尔哈赤的伤势恶化，而且背上还长了毒疮，被迫前往清河的温泉疗养。

八月，努尔哈赤感觉到已经命不长久，可他的继承人还没有定，所以他只好拖着病重的身体乘船沿太子河南下，但在距离沈阳四十里一个叫作叆鸡堡的地方离开了人世。后来被安葬在沈阳的东边，现在叫作“福陵”。

这年是 1626 年，努尔哈赤六十八岁。在当时的条件下，已经算是高寿。

努尔哈赤雪里来，火里走，水里去。来得冷冷清清，走得轰轰烈烈，去得清清淡淡。

最后的遗憾：汗位

努尔哈赤就这样死了，他的继承人还没有确定，他很多年以前曾经指定他的大儿子褚英作为继承人，可是因为褚英的野心而最终将他废除，甚至杀死。

他也曾让他的二儿子代善尝试执政，可是代善有时候优柔寡断，有时候却又心狠手辣，最终也没有成为继承人。

剩下的儿子里面，皇太极一直表现出色，是汗位的有力争夺者，可是多尔衮也逐渐显示出极强的能力。

努尔哈赤犹豫不决，没有等到他回到沈阳，他就死了。

汗位，空缺了。

宫廷里，必然会出现动荡，所有人都想当大汗，无论是谁，面对这个巨大的诱惑，都会垂涎不已。

后金的宫廷，注定不会平静。

没有选定继承人，是努尔哈赤最后的遗憾。

最后的倾诉：功过

评价一个人，尤其是一个历史人物，难度实在太大。

我们姑且从一个历史事件谈起。

1559 年，努尔哈赤刚刚出生。这一年，欧洲刚刚结束了一场很重要的战争，这就是 1494 年到 1559 年的意大利战争，这场战争和本书原本没有关系。

唯一有关系的是，在意大利战争中，火器得到了广泛的应用，尤其是火炮首次出现在野战当中。

这一年，努尔哈赤和火炮同时降生在这个地球上，几十年过后，两者相遇在中国的东北。

不是朋友，而是对手。

影响到中国未来历史进程的两个因素，首先以敌人的身份相遇（宁远之战），后来又是以朋友的身份并肩（皇太极用火炮攻打明朝），最后，还是以敌人的身份决裂（1840 年，英国用火炮敲开了中国的大门）。

我们不知道，在清朝三百年的历史里，火炮为何没有进步。

从这一点来看，努尔哈赤建立后金是失败的。

但是这不能责怪努尔哈赤，除了被火炮打败，努尔哈赤和火炮没有关系。

只是有一点可以肯定，努尔哈赤的后金还在发展。

一个人，分为能力和品格。

从能力上来看，努尔哈赤是一代枭雄。他统一了女真，又把女真从原始社会推进到奴隶社会，还开发了东北。

但是，我们也应该看到，努尔哈赤的成功，很多时候不是他的强大，而是他的对手愚蠢。

如果熊廷弼没有被撤职，如果孙承宗没有回老家，如果高第没有解散关锦防线……

当然，这都是如果，如果如果，就没有如果。因为，事实上努尔哈赤赢了。

虽然努尔哈赤的能力很强。

窃钩者诛，窃国者侯!

这是两个很残酷的幽默。

从正面来说，努尔哈赤完成了一个地区的统一，开启了朝代更替。

从反面来说，明末战争让无数军民成为冤魂。

他冲击了腐败的明王朝，可是明王朝的腐败和他有什么关系?